AMOR
QUE TRANSFORMA

Lu Alckmin

AMOR
QUE TRANSFORMA

COMO ENCONTRAR FORÇAS PARA RECOMEÇAR

Academia

Organização de conteúdo: Malu Poleti
Preparação: Denise Dognini
Revisão: Cláudia Renata Costa Colognori e Olívia Tavares
Diagramação: Vivian Oliveira
Imagens de miolo: Arquivo pessoal
Capa: Compañía
Imagens de capa: Taiam Ebert

DADOS INTERNACIONAIS DE CATALOGAÇÃO NA PUBLICAÇÃO (CIP)
Angélica Ilacqua CRB-8/7057

Alckmin, Maria Lúcia Ribeiro, 1951-
Amor que transforma / Lu Alckmin. -- São Paulo : Planeta do Brasil, 2017.
176 p.

ISBN: 978-85-422-1136-8

1. Técnicas de autoajuda 2. Cônjuges de políticos - São Paulo (Estado)- Biografia 3. I. Título

17-1190 CDD 158.1

2017
Todos os direitos desta edição reservados à
EDITORA PLANETA DO BRASIL LTDA.
Rua Padre João Manuel, 100 – 21º andar
Ed. Horsa II – Cerqueira César
01411-000 – São Paulo-SP
www.planetadelivros.com.br
atendimento@editoraplaneta.com.br

Ao Thomaz, pelas coisas extraordinárias
que segue realizando em sua rota de luz eterna.

AGRADECIMENTOS

À minha família, por apoiar minhas decisões, em especial esta, a de traduzir em palavras um dos momentos de grande dor, mas, ao mesmo tempo, de superação e fé de minha vida.

SUMÁRIO

O que é permanente? O que durará?
Acredito que apenas o amor é permanente, não pode ser demolido, não pode ser esquecido. O amor é cimento de gerações... O amor deverá ser a salvação das Nações, a única pedra angular sobre a qual pode perdurar qualquer futuro. É isso que deve ser construído em nossos corações, porque o amor desafiará qualquer estrutura de pedra, de ferro, de vidro e sobreviverá a qualquer saqueador e a qualquer guerra. No amor, nos apoiamos para erigir a nossa vida através da nossa família, de nossos filhos, de nossos netos, de nossos amigos...
O amor é Deus!

Rota da Luz,
a volta do Thomaz

Thomaz, meu filho amado.

O dia 2 de abril de 2015 ficará guardado em minha memória para sempre. Foi neste dia que meu filho Thomaz partiu para continuar sua maior rota de luz em outro plano, o espiritual, e continuar caminhando ao meu lado.

No mesmo ano de sua partida, eu estava trabalhando na realização da Rota da Luz SP. Meu objetivo era tornar mais seguro e bonito o caminho de peregrinação feito a pé por romeiros até Aparecida às margens da Via Dutra.

Thomaz acompanhou esse trabalho desde o início e costumava me falar:

— Mãe, quando a senhora fizer essa caminhada, eu vou junto de moto ou a cavalo.

Não deu tempo. Quando eu estava quase completando o projeto do percurso, ele partiu.

No início de 2016, o trajeto já estava todo traçado. E o bem-estar do peregrino melhorado. Montamos um passaporte com orientações para o peregrino, espalhamos placas em pontos estratégicos da caminhada, elegemos pontos "amigos do peregrino" para dar apoio a quem percorre a estrada.

O caminho tem 201 km, com início em Mogi das Cruzes, passando pelas cidades de Guararema, Santa Branca, Paraibuna, Redenção da Serra, Taubaté, Pindamonhangaba, Roseira e Aparecida, tendo como ponto final a Basílica de Nossa Senhora Aparecida.

Benção do Papa Francisco à Rota da Luz SP.

Ao abençoar as fotos da minha família, que estavam na mão de Sophia, o papa coloca a foto do Thomaz à frente.

Estava tudo resolvido. Faltava somente a bênção do papa. Gostaríamos de receber a bênção para o percurso, queríamos coroar com as mãos de Deus aquela rota tão linda e que moveria tanta fé e tanto amor a caminho da Basílica. E, graças ao apoio de Dom Damasceno, à época arcebispo da Basílica de Nossa Senhora Aparecida, conseguimos uma audiência com o papa.

No dia 16 de março de 2016, a Rota da Luz SP foi abençoada pelo Papa Francisco. Estivemos com ele e, mais uma vez, pude sentir a presença do Thomaz, pois, depois de abençoar o mapa da Rota da Luz SP e de nos abençoar, o papa reuniu nas mãos de Sophia algumas fotos de pessoas queridas que não puderam estar conosco ali para também abençoá-las, colocando por cima a única foto em que o Thomaz aparecia. Ele estava ali, sendo também abençoado, e feliz por me ver tornar realidade a tão sonhada Rota da Luz SP. Amém por isso.

Meu filho partiu antes de cumprirmos o que havíamos prometido um ao outro. Lamentei, claro, o fato de não poder realizar um sonho nosso, mas não desisti. Havia ali, naquela promessa, uma história de fé, um caminho de amor, e um encontro com Deus. O Thomaz havia dito que iria comigo a cavalo ou de moto, mas na realidade, ele foi no meu coração. Eu tinha de percorrer a Rota da Luz SP por ele. E por mim.

Comecei a me preparar. Passei a seguir uma rotina de caminhadas leves na esteira, como já estava habituada, e a caminhar na companhia de amigas algumas vezes na semana. Andávamos cerca de 14 km em uma praça perto de onde moramos. Passávamos um tempo juntas, conversávamos, ríamos, nos distraíamos e nos preparávamos para a caminhada da Rota da Luz SP. Elas tinham decidido me acompanhar. Seguiríamos os 201 km de percurso, cada uma a sua maneira, cada uma movida pela sua fé e pelo seu encontro com Deus.

A Rota da Luz SP foi oficialmente inaugurada em Mogi das Cruzes no dia 3 de abril de 2016, onde, acompanhada pelas minhas amigas, pelo padre Rosalvino[1] e seu grupo – que antes caminhava pela Via Dutra –, e por Cleuza Ramos[2] e seu grupo, demos início à Rota da Luz SP. A nossa meta era percorrer os 201 km em sete dias. E conseguimos.

---

1. Padre Rosalvino Moran Viñayo, fundador e diretor da Obra Social Dom Bosco de Itaquera-SP.

2. Cleuza Ramos, presidente da Associação dos Trabalhadores Sem-Terra de São Paulo.

Lançamento da Rota da Luz SP.

Primeiro grupo a percorrer a Rota da Luz SP.

Na Rota da Luz SP, a fauna e a flora são presentes de Deus aos peregrinos.

Peregrinos na Rota da Luz SP.

A cada passo, a presença de Deus nos mais belos espetáculos da natureza.

A simpática ema, esperando cada peregrino que passa pela Rota da Luz SP.

Não houve um minuto sequer em que eu não senti a presença do Thomaz na caminhada. Ele estava ali o tempo todo, manifestando-se de diversas formas. Durante o percurso, ríamos, chorávamos, cantávamos, observávamos a natureza. Ao longo dos sete dias, nos levantávamos de madrugada para iniciar a caminhada. Parávamos no fim da tarde, e me lembro de só querer um banho, um prato de arroz e feijão e uma cama para dormir. Eu não precisava de mais nada, só aquilo me bastava para me fortalecer e continuar a rota no dia seguinte.

Com o passar dos dias daquela semana, fui reforçando ainda mais a minha fé em Deus. Fui me modificando como ser humano. A natureza nos apontava a todo momento o quanto as pequenas coisas são mais importantes em nossa vida. Fomos abençoados por dias lindos de sol durante todo o percurso. O corpo, muitas vezes, demonstrava cansaço, fraqueza, dor, unhas caíram, mas a fé era mais forte e nos mantinha firmes em nosso propósito: concluir a rota e chegar para a missa na Basílica em Aparecida.

Chego a acreditar que os desafios do caminho tornam ainda mais especial o encontro com Deus, estabelecem uma conexão com Ele. Rezar e entregar-se à fé acaba sendo inevitável em situações como essa. E eu me entreguei. Vivi a Rota da Luz SP como imagino que teria feito o Thomaz. Deixei-me entregar pelas minhas emoções e orações e me permiti ouvir o meu coração: ri, chorei, contemplei a natureza e as maravilhas que só Deus é capaz de fazer, conversei com as pessoas, compartilhei a minha dor e a dor do outro, busquei força e energia em meus pensamentos. Vivi dias inesquecíveis de amor e de entrega a Deus.

Todos estávamos ali por algum motivo e, ao mesmo tempo, todos por um único motivo: a fé em Deus. Caminhávamos em uma única direção, vivendo os mesmos encontros, sentindo cada um à sua maneira o significado da vida. Ao final, ao chegarmos à Basílica, éramos pura emoção. Tomados pelo cansaço e esgotados, conseguíamos encontrar força em uma única palavra: fé. Havíamos cumprido a Rota da Luz SP. Encontramos Deus em suas mais diversas formas de apresentação. Não éramos mais as mesmas pessoas, havíamos nos tornado pessoas melhores.

Acreditamos em Deus,
Nossa Senhora e Jesus
Somos dedicados,
Somos da Rota da Luz!
Para a gente não tem dia,
Para a gente não tem hora,
Para caminhar
Para dedicar à Nossa Senhora[3].

Até aquele momento, não havia passado pela minha cabeça escrever um livro que contasse a minha trajetória de superação após a partida do Thomaz. Talvez não imaginasse que pudesse colocar em palavras a fé que me fez ter forças para passar por momentos tão dolorosos ou acreditasse que não fosse capaz de transmitir alguma mensagem para ajudar as pessoas que passavam pela mesma situação que eu. Não sei dizer ao certo, mas sempre me recusava a cada vez que algum conhecido pedia: "Escreva um livro! A história da senhora pode ajudar muita gente!".

Não entendia aqueles pedidos. Não estava pronta para encarar tamanho desafio. Não estava pronta para relembrar tudo o que havia passado. Não estava pronta para sofrer tudo de novo. Não estava pronta para transformar a minha fé em algo que pudesse mudar a vida de outras pessoas. Não estava pronta para falar sobre o assunto. Não estava pronta para viver novamente a minha dor com o intuito de transformá-la em amor.

O meu trabalho me permite viver encontros e situações nas quais consigo transmitir uma mensagem de

---

3. Trecho da música composta por Jorge Moisés.

luz. Nesses momentos, sinto intensamente a presença de meu filho Thomaz em minha vida. Nesses dois anos da partida dele, vivi muitos desses momentos de transformação. Um deles se deu no interior de São Paulo, em um evento do JORI – Jogos Regionais do Idoso –, também organizado pelo Fundo Social de Solidariedade, no qual pude conhecer a história de um pai que havia perdido o filho há algum tempo. Ele me questionara sobre como eu conseguia sorrir depois do que havia acontecido. Com calma, respondi o que digo a todos: eu tenho que continuar sorrindo, eu tenho que seguir em frente, eu tenho que ter força, fé e alegria para continuar mantendo a luz do Thomaz acesa. E o meu trabalho social me permite sentir a presença dele em todos os momentos. Emocionado, aquele homem me agradeceu dizendo que mudaria sua postura para se aproximar do filho que tanto lhe fazia falta.

Entendia que continuar realizando o meu trabalho social, tendo o Thomaz como guia e inspiração, era suficiente para espalhar a luz por onde quer que eu fosse, para transformar a vida das pessoas e espalhar o amor entre aqueles que haviam passado pela mesma situação que eu. O livro sobre o assunto não me parecia algo que precisasse existir até o momento em que finalizei o percurso da Rota da Luz SP.

Percorrer a Rota da Luz SP foi uma experiência transformadora em minha vida. Disso não tinha dúvidas, mas até conversar com o amigo doutor Jou[4], eu ainda não havia conseguido expressar em palavras o porquê daquele

---

4. Doutor Jou Eel Jia, médico especialista em acupuntura.

sentimento. De um modo simples, ele conseguiu me explicar o que significava a Rota da Luz SP em minha vida:

— Lu, a Rota da Luz SP é a volta do Thomaz. Ele queria fazer coisas extraordinárias e a Rota da Luz foi o início disso tudo.

Em poucas palavras, ele me fez entender o que se passava no meu coração após percorrer os mais de 200 km da Rota da Luz SP. O encontro com Deus, com a minha história, com a minha dor e com a minha fé havia sido transformador. O Thomaz havia voltado, e a minha missão seria levar a sua luz para o resto do mundo por meio do trabalho social, permitindo que ele continuasse percorrendo a maior rota da luz.

Decidi, então, escrever este livro, para que por meio dele eu possa permitir que coisas extraordinárias continuem sendo feitas à vida das pessoas, realizando o que o Thomaz tanto queria.

O meu objetivo com este livro é somente um: fazer o bem. Espalhar uma mensagem que transforme a dor e a angústia em amor. É levar a luz do Thomaz para a vida das pessoas. É mostrar que a fé é capaz de transformar a nossa vida e que Deus comanda todos os nossos caminhos.

A adversidade ocupa uma boa parte da vida e quanto mais cedo aprendemos a lidar com ela, mais suave flui a nossa caminhada. "A pedra preciosa não pode ser polida sem fricção, nem o homem ser aperfeiçoado sem provação."

William J. Bennett

A coisa mais cara no mundo hoje é o tempo.
O tempo que podemos estar com as pessoas é algo
que devemos apreciar e valorizar.

Antes de partir

São Paulo, 1º de abril de 2015. Quarta-feira. Aparentemente, só mais um dia. Teria sido só mais uma quarta-feira maravilhosa, cheia de trabalho e compromissos, não fosse pelo dia seguinte...

Embora eu ainda não soubesse que aquele 1º de abril seria o último dia em que eu veria o meu filho Thomaz, algo me levou a ele, ao nosso último encontro. Coincidência ou não, estive durante a tarde em um compromisso perto de sua casa e, à noite, ao sair de lá, passei para dar um abraço nele, na Júlia – na época, recém-nascida – e na Tatá, minha nora. Elas não estavam, tinham ido ao médico e depois seguiram para a casa da mãe da Tatá, onde jantariam. O Thomaz decidiu ficar para me receber, não conseguiu me dizer que já tinha marcado de sair com a família.

Se isso foi por acaso? Não sei... Prefiro acreditar que não. Ou, melhor, preferir não é bem o verbo mais adequado para isso. Eu acredito que não foi por acaso. Algo maior fez com que nós tivéssemos a chance de ter mais um momento inesquecível juntos, como sempre foi. E aproveitamos essa oportunidade. Eu nunca vou me esquecer daquele início de noite, das poucas horas que passamos juntos.

Com Thomaz, Sophia e Geraldo Neto.

Para uma mãe, o amor dedicado aos filhos é sempre o mesmo. Amor de mãe para filho não diminui. Não muda. Não falha. Não enfraquece. Não questiona. É amor. Muito amor. E só. Mãe de três filhos que sou jamais seria capaz de dizer que amo um mais que o outro, que prefiro um ao outro. Não. Isso não existe, ao menos para mim. O que muda, sim, é a relação que se constrói com cada um. E eu construí cada pedacinho da minha história com cada um dos meus filhos. E me orgulho disso. A

Sophia, mais velha, é minha amiga, companheira e divide comigo gostos e afinidades por livros, moda e arte. O Geraldo, do meio, mais quieto, fala muito mais pelo olhar e pelos silêncios do que pelas palavras. Respeitamo-nos assim. E o Thomaz, meu caçula, sempre foi (é) meu amigo. Não é e nunca foi segredo para ninguém que entre mim e ele sempre existiu uma relação de muita afinidade, amizade e muito amor.

Amizade, cumplicidade, parceria... Thomaz e eu.

Cada um dos meus filhos é especial à sua maneira. E saber diferenciar isso, para mim, é saber amá-los, respeitá-los. E o maior sinal de respeito que há entre mim e o Thomaz é algo que eu talvez jamais consiga explicar. Às vezes, tenho a sensação de que vivemos um encontro de almas, um encontro rápido demais para uma mãe que perde um filho tão jovem. Mas, contrariando todas as expectativas, não penso assim: esse nosso encontro não chegou ao fim, apenas mudou de plano.

Não poder vê-lo. Ouvir a sua voz. Saber como foi o seu dia. Contar sobre o meu dia, sobre o meu trabalho social e os meus projetos para ajudar as pessoas. Não ter a presença física do meu melhor amigo é um aprendizado

Thomaz e eu.

diário. É conviver com a saudade o tempo inteiro. No entanto, ter consciência de que ele já não está mais aqui e não voltará para me ver de novo é saber respeitar a vida dele. É saber entender que ele ainda está presente, mas de outro modo. Em outro plano, o espiritual. Aceitar isso é respeitá-lo. Respeitar a passagem dele pela Terra. Pela minha vida.

Não passávamos um dia sequer sem nos falarmos, um telefonema ou uma mensagem rápida era regra da nossa rotina. Compartilhávamos coisas da vida, medos, problemas, anseios, alegrias, angústias, decisões, brincadeiras. Éramos (somos) amigos acima de tudo. A presença física do Thomaz em minha vida era muito forte – amém por isso! E foi somente isso que mudou. Hoje sinto saudades de ouvi-lo, vê-lo, abraçá-lo, mas sou capaz de senti-lo presente em cada momento da minha vida. A cada dia que passa, tenho a certeza de que ele caminha ao meu lado. De que, em um plano espiritual, ele está sempre comigo. Torcendo por mim. Olhando por mim. Protegendo-me e se alegrando com cada um de meus projetos. E o respeito ainda mais por isso.

Naquele 1º de abril não foi diferente. Encontrá-lo ali, na casa dele, no lugar onde ele tinha escolhido morar e construir uma família, uma vida cheia de amor, era muito mais que agradável para mim, era como se naquele apartamento eu pudesse tocar com as minhas próprias mãos a sua felicidade, a sua completude e todo o seu encanto pela vida. Havia (há) muito amor e muita luz naquele apartamento – como há em tudo o que é tocado pelo Thomaz. E é exatamente por isso que posso senti-lo presente em minha vida sempre.

Cheguei à casa dele por volta de sete horas. Ele estava me esperando, como já disse. Ao saber que ele já tinha um compromisso quando liguei avisando que ia visitá-lo, me senti um pouco culpada, não queria prendê-lo e nem que ele deixasse de ficar com a esposa e a filha para estar comigo. Esse sentimento, no entanto, logo passou: o Thomaz não era de deixar de fazer alguma coisa somente para agradar alguém. Se ele tinha ficado ali, era a vontade dele e, então, não era justo me sentir culpada.

Como de costume, entre nós não havia cerimônia. Se não estávamos em um dia bom e não queríamos falar, sabíamos respeitar. Ele me ouvia. Eu o ouvia. Ele falava. Eu falava. Ou, simplesmente, permanecíamos em silêncio, fazendo companhia um para o outro. Nesse dia, o que encontrei foi um Thomaz cheio de vida, feliz, realizado, alegre. Estava mais iluminado do que o habitual.

Estávamos em um dia de muita conversa: havia muita coisa boa, muita felicidade precisando ser compartilhada. A Júlia, que tinha nascido há dois meses; a Bella, sua filha mais velha, crescia com saúde e cheia de vida, como ele; o casamento que era uma alegria constante e o novo emprego. O quebra-cabeça da vida dele parecia, finalmente, ter se completado. Como o Thomaz estava feliz naquela noite! Ele era um homem realizado e eu pude sentir isso nessa nossa última conversa.

A verdade é que o Thomaz demorou um bom tempo para escolher uma profissão. Ele era uma pessoa tão cheia de vida que não conseguia, desde pequeno, ficar preso em uma sala de aula ou dentro de um escritório por muito tempo. Cheguei a me preocupar – como toda mãe – inúmeras vezes quando não o via interessado pelos estudos e só sosseguei quando ouvi do meu sogro:

— Lu, fique calma, o Thomaz é um menino bom. É isso o que importa. O resto, ele descobre com o tempo.

O Thomaz ainda era uma criança quando o meu sogro me disse isso. Sosseguei o coração e aprendi a respeitar o jeito dele. O tempo dele. E foi assim que o interesse pela aviação chegou à vida dele, no momento certo. Ele já tinha trabalhado em outros lugares, escritórios, mas não queria viver fechado em uma sala pelo resto de sua vida. E a possibilidade de voar surgiu como um presente para ele: havia, finalmente, descoberto o que amava fazer e seguiria aquilo como profissão.

A preocupação da família com esta escolha era constante, é claro. Tínhamos medo do risco que ele corria. Da fragilidade da vida dentro de um helicóptero. Porém, impedi-lo, depois de entender que voar era sua grande paixão, jamais passou pela nossa cabeça. Tudo o que um pai e uma mãe querem é ver um filho feliz e realizado. E o Thomaz era feliz voando. Apoiamos a escolha profissional dele, assim como apoiamos a decisão dos nossos outros dois filhos no caminho que decidiram seguir.

Thomaz demonstrando carinho por aquilo que tanto gostava de fazer.

A felicidade estava estampada no rosto dele naquela noite de abril. Eu o vi realizado e o vi sonhando, fazendo planos para o futuro, festejando o novo emprego como piloto: trabalharia fazendo o que amava, voar. Passamos pouco mais do que duas horas juntos, mas foram horas tão intensas que pareceram umas dez horas.

Naquele dia, eu mais ouvi do que falei. Hoje, agradeço a Deus por ter me presenteado com essa sabedoria. Se fecho os olhos ainda posso sentir a felicidade dele e me lembrar de cada momento daquela noite. Pouco tempo antes eu o havia presenteado com três mudas de ráfia. Naquele dia, ele aproveitou para me mostrar que havia plantado as ráfias em três vasos. E elas estavam como ele, cheias de vida, cercadas de amor por todos os lados, em vasos bonitos, grandes, exalavam vida e não podiam ser imaginadas

Thomaz fotografou os 3 vasos com as mudas de ráfia.

em outro lugar que não fosse ali. Como o Thomaz.

Ao me lembrar dessa noite, sinto uma imensa saudade, mas me sinto privilegiada e abençoada por ter tido mais essa oportunidade de estar ao lado do meu filho. Pela última vez. Soubemos aproveitar cada minuto. É isso o que fica: o presente vale muito mais do que qualquer outro tempo. Saber apreciá-lo, aproveitá-lo, vivê-lo intensamente é respeitar a vida. Levo isso como lição para o resto dos meus dias e agradeço ao Thomaz por isso, ele sempre soube aproveitar muito bem o momento presente.

Não costumo parar para refletir sobre o tempo, dizer que ele passou rápido demais ou que, simplesmente, parou. Aprendi a entender que o tempo de certas coisas dura exatamente o que deveria durar, como se cumprissem uma programação preestabelecida. Aproveitá-lo, respeitá-lo, é o que o torna inesquecível e prazeroso. O Thomaz me ensinou isso, a vida dele sempre correu (voou) no tempo certo e ele sabia, mais do que ninguém, respeitar isso. Nunca vivia pela metade, ou estava completo ou não estava. Não havia meio termo que o contentasse. Acredito, até, que isso o tornava mais especial, mais cheio de vida.

Tínhamos tanto para falar, para compartilhar, para festejar naquela noite que a estendemos o quanto pudemos. Estar na presença dele sempre foi um presente para mim, mas, naquela noite, foi mais que isso. Para ganharmos mais uns minutinhos juntos, decidimos sair no mesmo carro. Ele queria me mostrar o carro que a empresa havia lhe fornecido para trabalhar, e nada melhor que uma voltinha para conhecer. Fui, sem pensar duas vezes. Felizes, entramos no carro e decidimos despistar a minha equipe para nos divertir – nunca tinha feito isso, mas, como eram poucos quarteirões, decidi topar. Rimos até doer a barriga: quebrar os protocolos fez com que aquela noite se tornasse ainda mais inesquecível. Depois, nos desculpamos com o pessoal, não queríamos deixá-los preocupados, só queríamos esticar o tempo em que ficamos juntos naquele dia.

E foi assim, especial, o dia 1º de abril de 2015.

A tranquilidade e a confiança na vida e na natureza preservam o equilíbrio interior e permitem que as ações sejam mais eficientes e sábias. Confie no futuro e viva o presente. Não sofra com coisas que poderão acontecer no futuro. A ansiedade atrapalha a vida das pessoas. O tempo não é nosso inimigo, é nosso aliado. Tudo o que aconteceu no passado é fato consumado, podemos aprender com ele, mas não mudá-lo. O futuro ainda virá; apenas podemos preparar o terreno.

Roberto Otsu

Encontro com Deus

Tão lindo e maravilhoso quanto havia sido o dia 1º de abril de 2015 era o que prometia ser o dia 2 e todo o feriado da Semana Santa que estava por vir. O dia amanhecera lindo, um céu típico de outono, de um azul iluminado, brilhante e claro, sem sequer uma única nuvem que o atrapalhasse. Teríamos sol e uma temperatura agradável, nem muito frio nem muito calor, o fim de semana prometia ser especial e cheio de amor em família.

Prometia.

Como já havia combinado com o Geraldo, meu marido, e com os meus filhos, com exceção do Thomaz e da Tatá, porque a Júlia ainda era muito pequena para viajar, passaríamos o feriado em Campos do Jordão: teríamos uns dias tranquilos para ficarmos juntos do jeito que tanto gostamos. Saí de São Paulo antes do Geraldo, logo que terminei o meu trabalho. Como saí mais cedo não peguei quase nada de trânsito. Cheguei ainda durante o dia. O céu continuava lindo e, impressionada

A terra estava triste,
mas o céu estava feliz.

com a beleza daquele momento, registrei uma foto com o celular. Depois fui entender o significado daquele instante: foi o momento da partida do Thomaz.

Havia muito o que planejar para o feriado. Estava feliz e aguardava tranquila a chegada da minha família. Li, fiz minhas orações, organizei o que tinha que organizar. E o céu, o dia seguiam lindos. Não cansava de me encantar com a beleza da natureza naquela tarde. Não havia uma nuvem no céu – consigo me lembrar como se fosse hoje da beleza do céu naquele dia. E, por vezes, me pergunto: quantas vezes perdemos a chance de ver uma maravilha dessas por que não temos tempo de olhar para o céu, de olhar para o pôr do sol?

Ainda esperando a chegada de todos, a Tatá me ligou. Estava preocupada com o Thomaz, que a deixara sem notícias por um bom tempo – tempo suficiente para ela ficar aflita. Tentei acalmá-la, lembrando que ele não estava voando, já que o helicóptero que pilotava estava na revisão havia um mês. Ele, certamente, estava em alguma reunião e não podia atender ao telefone. Apesar de compreender sua angústia, naquele momento, não conseguia entender o motivo de tanta aflição: ele estava somente a algumas horas sem atender ao telefone e sem entrar no WhatsApp. Não era nada. Não podia ser nada. E não seria. Afinal, é absolutamente normal – necessário até – ficar um pouco afastado do celular.

Ao acalmá-la, sem perceber, eu também me acalmava. Dizia a ela para que não se preocupasse, que ele não estava voando, que havia me dito no dia anterior que não tinha como voar e, portanto, não tinha por que se preocupar. Eu falava tudo isso a ela, mas inconscientemente falava para mim mesma. Imagino que isso seja coisa de mãe, temos esse dom de fazer com que tudo fique bem, calmo, tranquilo. Contamos histórias que acalmam os outros e que, no fundo, também nos acalmam. Afinal, se eu, que era mãe, não tinha recebido nenhuma notícia ruim, ninguém precisava se preocupar.

Mais uma vez tocou o meu telefone. Dessa vez, era o Geraldo, meu marido. Ele não me contou nada. Somente pediu:

— Lu, volte pra São Paulo.

Foi o suficiente para eu entender que algo de muito ruim tinha acontecido com o Thomaz.

— É o Thomaz, não é, Geraldo? Aconteceu alguma coisa ruim com ele, me fale...

Ele não conseguia me dizer mais nada. Só pedia para eu voltar. Para eu ir direto para casa. Lá, ele me falaria tudo.

Eu estava sozinha em Campos. E não sei dizer o porquê, mas sem que ninguém tivesse me dito, eu sabia que o Thomaz já não estava mais entre nós. Sabia que o que eu chamava de *coisa ruim* era, na verdade, a partida dele deste mundo. A morte.

E foi ali, sozinha em Campos, que eu pude me encontrar com Deus. Peguei meu terço, que carrego sempre comigo, e fiz uma oração. Pedi, como nunca havia pedido antes, que Ele me desse força para aguentar essa dor. Pedi que Ele me ajudasse a entender os caminhos da vida. Pedi que Ele me confortasse e que me fizesse forte para continuar vivendo e ajudando a minha família a compreender aquele momento. Eu rezei. Pedi. Chorei. Encontrei-me com Deus. Pensei no Thomaz.

Segui viagem para São Paulo. Já era início da noite. Do carro, em oração, eu olhava o tempo inteiro para fora e, pela janela, via uma única estrela, que brilhava como se fosse nova. Era um brilho irradiante. Foi inevitável não me lembrar do brilho que eu vira nos olhos do Thomaz na noite anterior: era o mesmo brilho. Cheio de vida. De amor. De Deus. E fui, ao longo daquela estrela, ao lado do Thomaz, a viagem toda, as três horas e meia de trajeto de Campos a São Paulo.

Não acredito que o fato de estar sozinha quando soube do que acontecera tenha me feito encontrar forças para encarar essa dor. Também não acredito que se estivesse ao lado da minha família teria sido diferente. Acredito, sim, que vivi naquela tarde um encontro com Deus, como jamais tinha vivido. Eu tomei consciência da minha fé e da força dela. Tomei consciência dos caminhos de Deus. Da luz do Thomaz e da vida dele aqui na Terra.

Lembrei-me, imediatamente, do nosso último encontro: do quanto ele estava feliz, pleno, realizado. Havia vida para ser vivida ali, nele, na história dele. Deus sabia – sabe o que faz. E isso me guiou. Guia-me. Fortalece-me. Faz-me compreender que a vida do Thomaz se transformou. Que ele cumpriu o que tinha de cumprir. Viveu como muitos não conseguem viver: ele amava a vida. E por que, então, eu haveria de questionar os caminhos de Deus? Achar injusto? Achar que não podia ser? Procurar uma resposta para o fato de ele ter voado em um helicóptero que não era o que ele pilotava? A verdade é que qualquer um que estivesse na situação do Thomaz teria aceitado o convite para voar, afinal ele estava longe do que amava fazer há pelo menos um mês.

A minha fé me fez entender que o Thomaz jamais poderia morrer. E eu teria de lutar para que isso não acontecesse. Teria de entender que a morte, a partida dele deste mundo, não encerraria a história dele se eu não quisesse que isso acontecesse. Deus e minhas orações me fizeram entender que eu tinha que ser forte para aprender a conviver com a saudade diária da presença do meu filho e que, só assim, eu saberia encontrá-lo e me manter ao lado dele em todos os momentos de minha vida.

A viagem de Campos a São Paulo foi a viagem mais dura da minha vida, mas foi também o momento mais iluminado da minha crença em Deus: eu tinha que ser forte. Eu tinha que apoiar a minha família. Eu tinha que manter o meu filho vivo. Eu tinha que entender a minha dor. Eu tinha que respeitar o meu luto. Eu tinha que continuar viva para amparar o meu marido, os meus filhos, os meus netos, a minha nora. Eu tinha que espalhar o amor e a força do Thomaz pela vida. Eu tinha que ser essa mãe, essa amiga do Thomaz que ele tanto admirava.

E foi isso que fiz. É isso que tenho feito. Isso que tenho lutado para continuar fazendo. Vivo e encontro motivos e força todos os dias para continuar viva, mantendo a luz do meu filho acesa em tudo o que faço. Amo com mais amor a minha família. Trabalho ainda com mais vontade para ver o trabalho social transformando mais vidas. Rezo com mais fé para continuar nos caminhos de Deus. Respeito com mais carinho a história do outro. Luto com mais garra por aquilo que acredito. Vivo com mais tranquilidade o momento presente. Aproveito a felicidade que existe nas menores coisas. Respeito as minhas lágrimas. A minha dor. A minha saudade. E também respeito a dor do outro, a saudade e as lágrimas do outro.

A minha postura, em muitos momentos, despertou a curiosidade e até a desconfiança de algumas pessoas: "Será que ela está louca? Será que ela superou mesmo a morte do filho? Como pode ter voltado a trabalhar depois de um mês que o filho morreu?". Muitos não conseguiram entender no início, me julgaram e me interpretaram mal. Não os culpo. Não os condeno. Não os questiono.

Apenas tento, com minhas atitudes e palavras, explicar que continuar vivendo, continuar realizando o trabalho social, foi o jeito que encontrei de manter o meu filho vivo: um filho, para uma mãe, nunca morre. E me trancar em casa, me encerrar em um luto, me fechar para o mundo, alterar o meu humor e me irritar com as escolhas de Deus seria o mesmo que sufocar, apagar a luz do Thomaz. Ele é luz. Vida. Amor. E me faz viver assim, espalhando a vida dele por esse mundo, por meio do trabalho social; e para a minha família, por meio do meu amor e felicidade.

O Thomaz está comigo todos os dias. Vivo. Em um mundo diferente do meu, do nosso, mas segue ao meu lado. E eu sou feliz por isso.

Solidariedade é amor, e o amor é o mais
nobre sentimento. O amor ameniza a solidão,
a dor da doença ou a dor do abandono.
O amor não custa nada.

Padaria Artesanal: um sonho realizado

— Nós não comemos até agora, dona Lu! Queremos pão!

Ouvi isso de algumas mulheres quando estive no Itaim Paulista, Zona Leste da capital, em 2000. Na ocasião, o Geraldo, meu marido, era vice-governador e havia sido escolhido por Mário Covas para se candidatar à prefeitura de São Paulo. Esse convite me despertou para a possibilidade de conseguir realizar um antigo sonho: ajudar as pessoas por meio de um trabalho social, caso Geraldo se tornasse prefeito. E, então, conhecer melhor a periferia da cidade era fundamental para que eu pudesse colocar os meus objetivos em prática.

Aquela foi uma de tantas visitas que fiz a comunidades da capital nas quais conversava com a população. Nessas conversas, ansiava por encontrar e entender suas carências: do que as pessoas precisavam? O que faltava na vida delas? Quais eram as reais necessidades das inúmeras comunidades de São Paulo? O que eu poderia fazer por elas? Como eu poderia melhorar a vida de cada indivíduo?

Guiada por essas perguntas, cheguei ao Itaim Paulista. Pode parecer clichê o que vou dizer agora, mas a verdade é que nunca sabemos do que o outro precisa enquanto não conhecemos a sua rotina, enquanto não vemos com os nossos próprios olhos a vida que ele leva, enquanto não vivemos a sua realidade.

Ouvir daquelas mulheres perto da hora do almoço "Nós não comemos até agora, dona Lu! Queremos pão!" ao mesmo tempo que me chocou e me entristeceu, me fez perceber que só a Campanha do Agasalho – que eu já conhecia tão bem como vice-primeira-dama – não era suficiente para resolver o problema daquelas mulheres.

Elas tinham frio. E tinham fome também.

Se eu buscava respostas às minhas perguntas, elas tinham acabado de aparecer com aquela triste frase: "Queremos pão". E foi assim, na busca por realizar o meu grande sonho com o trabalho social, que surgiu a ideia da Padaria Artesanal, com o objetivo de ensinar homens e mulheres a fazer pão, qualificando-os tanto para vendê-los quanto para melhorar a alimentação de toda a família.

O trabalho social e voluntário sempre chamou minha atenção. Quando pequena já me interessava por ajudar as pessoas, por menor que fosse a minha ação: me sentia bem em fazer algo que pudesse ajudar – e até transformar – a vida de alguém.

Até aquele momento, como vice-primeira-dama, no entanto, limitava-me a acompanhar o trabalho realizado por dona Lila, mas não tinha conhecimento e oportunidade para fazer mais do que aquilo.

Se o Geraldo se tornasse prefeito, eu poderia colocar em prática o que tanto sonhava. Ele perdeu a eleição e, então, eu teria de esperar mais um pouco. Ele voltou ao cargo de vice-governador. Infelizmente, um triste acontecimento fez com que o rumo das coisas se alterasse: com o falecimento de Mário Covas, Geraldo assumiu o governo do estado de São Paulo em abril de 2001. Tornei-me a primeira-dama do estado e, com isso, surgiu a oportunidade de assumir, como voluntária, a presidência do Fundo Social de Solidariedade do Estado de São Paulo.

E eu não a desperdiçaria.

Logo formei uma equipe e parti em busca de quem entendia do assunto: conversei com Cleuza Ramos, uma grande líder comunitária. Queria que ela me ajudasse a agir de maneira correta e eficiente, eu queria ajudar a população com o que realmente precisasse, e não havia ninguém melhor do que a Cleuza para me responder isso:

— Cleuza, nós temos cobertores e cestas básicas. Qual é a melhor maneira de distribuí-los entre a população?

— Ninguém aqui precisa de esmola, não, dona Lu! Pode levar isso daí. O povo quer qualificação, quer trabalhar! — ela me respondeu, muito brava.

Minha primeira reação foi me assustar com aquela resposta, mas logo me lembrei da visita que fiz ao Itaim Paulista e do que havia descoberto naquele lugar. Era pão que faltava à população. E era falta de qualificação, como havia, agora, anunciado a Cleuza.

Se não me falha a memória, essa visita ao Itaim Paulista aconteceu em agosto de 2000 e, em junho de 2001, o que era um sonho se tornou realidade: as Padarias Artesanais foram implantadas com o principal objetivo de ensinar homens e mulheres a fazer pão, tanto para consumo próprio quanto para venda, melhorando a alimentação e a renda familiar. Durante o curso de um dia de duração e totalmente gratuito, os alunos aprendem a fazer 10 tipos de pães, além de receberem noções de ética, higiene e cidadania.

Hoje, dezesseis anos depois, em 2017, o projeto das Padarias Artesanais continua me enchendo de orgulho e satisfação, transformando vidas e criando oportunidade de trabalho. Os pães quentinhos e saborosos ampliaram a variedade de sabores e, hoje, além dos 10 tipos de pães, os alunos que querem aperfeiçoar o conhecimento adquirido aprendem a fazer tortas, pão de mel, *cookies*, colomba pascal e panetone.

Equipamentos da Padaria Artesanal.

Os 10 tipos de pães cujas receitas são ensinadas desde 2001 na Padaria Artesanal.

Em 2017, foram incorporadas novas receitas ao curso da Padaria Artesanal.

Um curso completo, tanto para quem quer trabalhar por conta própria quanto para quem quer procurar emprego em alguma empresa. As mulheres – a maior parte das turmas é composta por jovens senhoras – saem de lá prontas para vender pães, tortas e doces, e com a autoestima revigorada: tornam-se profissionais, ajudam na renda familiar e ganham destaque na carreira. Aprendem a fazer os pãezinhos para seus filhos e marido, unindo a família à mesa.

"Hoje, eu consigo fazer pães e bolos e vender pelo bairro. Minha vida mudou, tenho mais confiança e ainda tenho uma garantia financeira para seguir a minha vida. Não dependo mais de marido", declara uma das mulheres formadas no curso.

Com uma das turmas da Padaria Artesanal.

O primeiro passo foi dado. Eu me sentia realizada. Finalmente, conseguia fazer o que amava. O que me fazia ter brilho nos olhos e vontade de trabalhar todos os dias. E, mais uma vez, talvez eu peque por dizer o óbvio, mas se o trabalho social transforma a vida dos outros, vocês não podem imaginar o que ele faz na minha vida. Diariamente, me transformo, me sinto realizada e renovo minhas energias ao ver cada sorriso de satisfação no rosto de quem é atendido por programas sociais.

Sou feliz com a minha escolha profissional. Mesmo não tendo feito uma graduação que me profissionalizasse nesse trabalho, consegui realizar o meu sonho. E sou grata a Deus por isso. Só tenho a agradecer por essa oportunidade. A gratidão é o sentimento que mais nos aproxima de Deus. E assim, com amor e muita gratidão, continuo trabalhando para ajudar as pessoas. Posso dizer tranquilamente: sou feliz no meu trabalho. Sou uma mulher realizada com a minha escolha profissional.

Sim, trabalho social é uma escolha profissional. E eu escolhi trabalhar com isso. Escolhi por amor. E considero-me escolhida por Deus para cumprir essa missão. É o que conto no programa *Histórias de Solidariedade* exibido pela Canção Nova de 2008 a 2011, período em que fiquei afastada da presidência do Fundo Social de Solidariedade e, mesmo assim, pude continuar acompanhando as transformações na vida das pessoas que faziam o curso da Padaria Artesanal.

Fazer o que amo é respeitar a minha história. Não sei ser diferente. Não sei como seria se não pudesse realizar o meu trabalho. Sem ele, não teria forças para continuar vivendo.

Querida Lu
Todos os dias encontramos coisas novas no tesouro da vida: emoções, alegrias, dores e tudo isso se transforma em amor para partilharmos com o próximo. Você, portanto, está cercada de amor por todos que te cercam. Eu te amo e te agradeço por você ser minha filhinha.
Um beijo e a bênção da tua mãe.

Renata
(28/8/1981)

Minha mãe,
minha inspiração

Eu sou apaixonada pela minha mãe. Sempre fui, desde pequena. E continuo sendo, ainda hoje. Sei que paixão é um sentimento que atormenta, que tira a calma, que nos faz sair do rumo da vida. Não me refiro a essas reviravoltas da paixão, mas sim ao êxtase, à admiração, à vontade de ser igual a quem se está apaixonado. É essa a minha paixão pela minha mãe.

E os motivos para isso são todos muito óbvios para quem conheceu dona Renata, mãe de 11 filhos e forte o bastante para adotar mais um. Apaixonada pelo meu pai, Adhemar, e pelos filhos, dedicou a vida toda a nos amar. A nos ver bem. A nos fazer felizes. Doce e rígida ao mesmo tempo, ela sabia, como ninguém, punir e premiar a história para nos contar.

E foi assim, com uma vida simples, sem luxo e com poucos recursos, que minha mãe e meu pai nos educaram. Meus irmãos e eu aprendemos desde cedo – desde sempre, eu diria – o valor das pequenas coisas. Morávamos em um

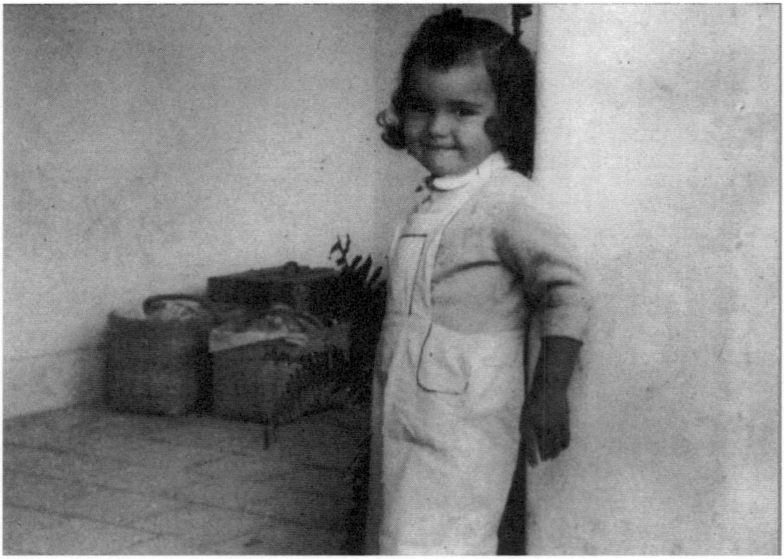

Eu, aos 4 anos. Uma infância simples e feliz!

sítio em Moreira César, distrito de Pindamonhangaba, longe de tudo e de todo o resto do mundo: não chegava nem sinal de televisão ou rádio perto da nossa casa. O telefone chegou muito tempo depois e, com ele, vivemos histórias engraçadas: todas as ligações eram intermediadas por uma telefonista que, virava e mexia, dava palpite em nossas conversas. Vivemos boa parte de nossa infância e adolescência ali, naquele lugar. E eu não tenho do que me queixar.

Minhas memórias são recheadas de bons momentos. Cheias de dias inesquecíveis que vivi ao lado de meus irmãos e meus pais, e de todos os parentes de São Paulo que vez ou outra apareciam para nos visitar e completar a nossa vida.

Ainda bem pequenininha (eu sou a sétima entre os 11 irmãos) sem nem saber ler, lembro-me de ver minha mãe abrindo os livros no finzinho da tarde para nos contar mais uma história. Ficávamos todos sentados, em silêncio, ansiosos por ouvir o que tinha para nos contar. Ríamos, chorávamos, passávamos horas e horas só ouvindo e imaginando cada cena contada por ela. Não poderia desejar ter vivido de outra forma. Sou grata à minha mãe por isso.

Meu pai Adhemar e minha mãe Renata. Fortaleza e amor.

E sou ainda mais grata a ela por inúmeras outras coisas. Queria ser como ela quando crescesse, não tinha medo ou vergonha de dizer isso quando era pequena. Meus irmãos riam de mim, diziam que eu era puxa-saco, que queria a atenção da mamãe e do papai só para mim e que fazia de tudo para ser a filha "queridinha". E eu fazia mesmo. Fazia por amor, por carinho, por admiração. Era grata a eles e acreditava que agradá-los, arrumando a cama direitinho e fazendo um belo escalda-pés no meu pai quando ele chegava do trabalho, era a melhor maneira de demonstrar todo o meu amor e gratidão.

Sítio em Moreira César,
onde vivi até os 11 anos.

Aprendi a ser feliz com a minha mãe. Não acredito que exista uma receita para a felicidade, mas a maneira como a dona Renata enxergava a vida é, para mim, um bom caminho para sorrir, apesar de tudo. Ela sabia como ninguém encontrar o lado bom em qualquer situação, das mais simples às mais complexas. Ensinou a mim e aos meus irmãos a sempre tirarmos o melhor de todo acontecimento. Se chovia, por exemplo, ela dizia "que bom que está chovendo, o tempo vai ficar mais fresco e as plantas mais bonitas"; e se fazia sol e esquentava demais, ela também nos fazia tirar algo bom daquele calor. E assim ela era em tudo. Feliz e sempre sorrindo. Meus irmãos a chamavam de Poliana, tamanha a semelhança com a personagem do livro *Pollyanna* de Eleanor H. Porter.

Minha mãe, meu modelo de solidariedade.

A felicidade é, como logo entendi com minha mãe, uma questão de decisão. Decide-se ser feliz, sorrir e enxergar o lado bom das coisas apesar de tudo. Apesar dos dias ruins. Apesar do que não dá certo. E, sendo uma decisão, cabe a cada um de nós ser feliz ou não todos os dias. Eu tenho escolhido ser feliz, sorrir, transformando em amor tudo o que me rodeia.

Minha mãe é também responsável por despertar em mim o amor pelo trabalho voluntário. Eu a via ajudando o Bertu, empregado aposentado do sítio que morava em uma casa construída pelo meu pai de presente a ele. Eu via amor naqueles gestos. Queria ser como ela: ajudar o outro a mudar de vida, a ser feliz. E consegui, graças a Deus, graças ao destino. A verdade é que o encanto pelo trabalho social também fazia parte da vida do meu pai.

Muito do que sou hoje, tudo, praticamente tudo, na verdade, devo à minha mãe. À mulher que foi a minha mãe. E tal como era forte a minha relação com o Thomaz, era também a minha relação com ela. Falávamo-nos todos os dias, mesmo depois que me casei, me mudei para São Paulo e passei a ter uma vida pública: o lugar reservado à minha mãe continuava guardado. Ela era a minha melhor amiga. Minha fonte de inspiração e de amor. Lembro-me de seus conselhos, de seu olhar de aprovação e de reprovação em cada um de meus gestos.

Pode-se viver no mundo uma vida magnífica quando se sabe trabalhar e amar, trabalhar pelo que se ama e amar aquilo em que se trabalha.

Leon Tolstói

Escola de Moda: transformando vidas

O sucesso da Padaria Artesanal enche o meu coração de orgulho e de alegria. A cada vez, desde 2001, que vejo uma pessoa qualificada por esse projeto, me sinto realizada. Dar a oportunidade a inúmeras famílias de serem inseridas no mercado de trabalho, no entanto, é muito mais do que um projeto social que executo como presidente do Fundo Social de Solidariedade, é um projeto de vida, um sonho que realizo todos os dias.

Com a expansão das Padarias Artesanais para inúmeros municípios do estado de São Paulo, aprimorei o que já existia dentro de mim, a vontade de ajudar as pessoas. Com o tempo, mesmo afastada da posição de presidente do Fundo Social, fui identificando outras necessidades da população.

Andando pela periferia de São Paulo e conversando com mulheres muito carentes, elas me disseram que após os 40 anos era difícil conseguir emprego. Ao mesmo tempo, tive oportunidade de conversar com empresários e estilistas que me disseram que estavam faltando costureiras e bordadeiras qualificadas no mercado de trabalho.

Com esses dois relatos, surgiu a ideia de desenvolver um projeto social na área de corte e costura, a Escola de Moda, no ano de 2011, quando reassumi a presidência do Fundo Social de Solidariedade.

Equipamentos da Escola de Moda.

A Escola de Moda é mais um sonho realizado em minha vida. Está presente em unidades próprias do Fundo Social e oferece cursos de corte e costura, modelagem, bordado em linha, bordado em pedraria, crochê e confecção de caixas. O sucesso da Escola de Moda foi tão grande que, em 2012, a pedido de primeiras-damas e presidentes de Fundos Municipais e de entidades sociais, o projeto se expandiu para 56 Polos Regionais na capital e no interior de São Paulo.

"Se eu, com 64 anos, aprendi e vou ter a oportunidade de me lançar no mercado de trabalho, imagine as meninas mais novinhas", afirma a aluna de uma das turmas.

"Eu não sabia nada, cheguei aqui e aprendi tudo. E agora eu quero realizar meu sonho e me lançar no mercado de trabalho", conta, entusiasmado, o aluno de uma das turmas da Escola de Moda.

Outro reflexo importante da Escola de Moda em mim – como ser humano – é que aprendo diariamente que o trabalho social é um exercício constante de doação e dedicação ao próximo. É um trabalho inesgotável, uma vez que as necessidades da população mudam e se transformam com o decorrer do tempo.

Esse projeto me fez entender a importância de manter o olhar atento. De realmente enxergar e entender o problema e as dificuldades do outro. Se eu não tivesse parado para conversar com as mulheres da periferia com mais de 40 anos, jamais teria descoberto qual era a necessidade delas naquele momento. E, assim, não teria surgido a ideia dos cursos, já que a informação vinda de estilistas e empresários sobre a falta de bordadeiras e costureiras no mercado não teria tido a mesma importância em minha vida.

Os cursos da Escola de Moda são totalmente gratuitos e ocorrem em um curto período de tempo, sendo eficazes para qualificar as pessoas para o mercado de trabalho.

Nos cursos da Escola de Moda, as pessoas também aprendem noções de ética e cidadania, pois além da formação prática, conceitos de sustentabilidade, respeito à natureza e ao próximo são introduzidos nas aulas. Mas não é só isso. Cada novo ensinamento vem acompanhado de uma boa dose de amor dos professores, que são a alma dos cursos do Fundo Social de Solidariedade.

São os professores que estão em contato direto com os alunos e, por mais que sejam qualificados naquilo que fazem, se não tratarem os alunos com carinho e respeito, de nada valeria o nosso trabalho. Eu não me canso de repetir, seja nos encontros com as primeiras-damas ou nas visitas que faço a todas as turmas, que o carinho dos professores é a base de tudo.

Professores, uma lição de amor.

É o amor que ajuda a transformar vidas, descobrir talentos, estimular novos aprendizados. E é desse aprendizado, em sala de aula, que vemos surgir lindas peças de roupas, das mãos de pessoas que antes mal sabiam colocar a linha na agulha.

Toda essa produção de roupas feitas pelos alunos com o auxílio dos professores é exibida no final do ano no Bazar da Escola de Moda, evento realizado anualmente e que reúne tudo o que é confeccionado ao longo do ano em sala de aula. Além de valorizar o trabalho dos alunos com a exposição do que aprenderam a fazer, ainda conseguimos recurso para a manutenção do projeto com a venda das peças. Uma mão ajuda a outra. Alguém que já aprendeu, dando a oportunidade para que outro no futuro também o faça.

Em todas as etapas desse projeto, eu coloco o meu coração, como em tudo o que realizo na vida, em tudo aquilo que acredito. É como se lê em uma ode de Ricardo Reis (heterônimo de Fernando Pessoa): “Para ser grande, sê inteiro: nada teu exagera ou exclui. Sê todo em cada coisa. Põe quanto és no mínimo que fazes. Assim em cada lago. A lua toda brilha, porque alta vive”. Eu me envolvo em todos os detalhes do processo de criação: do desenvolvimento da coleção, dos modelos à escolha de tecidos e estampas exclusivas, que são doadas pela Di Grecco Indústria Têxtil, empresa parceira do Fundo Social.

A cada nova edição do Bazar são aperfeiçoadas técnicas, surgem novos modelos e mil ideias que compartilho, entusiasmada, com a equipe. Para este ano, teremos uma coleção inteira inspirada no Brasil, na nossa rica fauna e flora, com a vitória-régia, a arara-azul, a bananeira, e tantos outros elementos que transbordam cor e beleza. Uma forma de homenagear este país que tanto amamos e que acolhe pessoas de várias partes do mundo.

Ao final do Bazar, o sentimento é sempre de gratidão, por ter dado a oportunidade de aprender uma nova profissão a milhares de pessoas. Vemos brilho nos olhos dos alunos. Sonhos renovados. Autoestima elevada. São essas as conquistas das pessoas que passam pelos cursos do Fundo Social de Solidariedade.

Por maior que seja o nosso sofrimento,
também ele é impermanente.

Bel Cesar

Partida de minha mãe, saudades

Meu pai partiu muito jovem, quando eu tinha apenas 11 anos. Lembro-me dele com carinho, eu era a filhinha que cuidava dele ao chegar do trabalho. Dos onze anos que vivemos juntos, guardo em mim o amor que ele sentia pela minha mãe e o cuidado, amor e carinho que ele tinha por nós: meu pai não queria nos deixar sozinhos aqui sem o seu amparo. Partiu, de repente, vítima de um aneurisma, querendo ficar para garantir que viveríamos bem.

Como ele deixaria o grande amor de sua vida sozinho para cuidar de 12 filhos? Deus, contudo, sabe sempre o que faz. Mal sabia o meu pai – ou, melhor, ele sabia, sim – que aquela bela mulher, mãe de seus filhos, culta e uma excelente dona de casa, era forte feito rocha: não se quebraria diante da saudade e da falta que ele faria.

E ela não quebrou. Não o decepcionou; foi mãe e pai e soube continuar cuidando de nós como ele gostaria que fosse. Sou grata a isso e me considero uma mulher de sorte por tê-los como pais, por ter crescido na família que eles construíram com tanto amor: devo a eles muito do que sou hoje.

Minha mãe se tornou minha grande amiga, minha melhor amiga. Como disse antes, tinha com ela algo parecido com o que vivi com o Thomaz: não deixávamos de nos falar um dia sequer. Eu queria saber da vida dela e ela da minha. Ela cuidava de mim, eu cuidava dela. Mesmo morando em cidades diferentes, nunca deixamos de nos falar ou de nos ver. Sempre que era possível nos visitávamos.

Não procurava em minha mãe aprovação ou alguma autorização para seguir com alguma decisão em minha vida. Gostava de ouvir a sua opinião, os seus conselhos e sua experiência diante da vida, mas sempre como amiga. Eu ficava feliz em contar para minha mãe o que acontecia no meu dia a dia, como estavam os meus filhos e o Geraldo e como a minha vida seguia bem. Eu amava poder compartilhar com ela minhas conquistas, alegrias, livros lidos, medos, sonhos e planos.

Sophia com a vovó Renata.

Seguiu ao meu lado até os meus 45 anos – tive muito mais tempo com ela do que com meu pai e, por isso, tenho mais lembranças dela do que dele, mas o amor que sinto por eles é o mesmo. A presença de minha mãe se fazia constante mesmo em sua ausência e, hoje, sei que continua sendo assim – mas só o tempo e a vida me ensinaram a enxergar o mundo dessa forma.

Vovó Renata com Thomaz, Geraldo Neto e Sophia.

Minha mãe é, para mim, uma fonte de inspiração tanto como mulher, quanto como ser humano e mãe. Foi forte o suficiente para não se abater com a morte de meu pai e, ao mesmo tempo, sempre soube ser doce e gentil com os filhos, nunca a vi ter uma atitude tomada pela raiva ou pela fúria, sempre havia amor no que ela fazia. Mesmo quando tinha que ser brava e nos castigar, ela o fazia com ternura e muito zelo.

Sou grata a Deus por ter tido a oportunidade de conviver com ela durante tanto tempo. Por ter deixado que ela ocupasse o posto de mãe e de melhor amiga em minha vida. Agradeço todos os dias por essa sabedoria.

E eu, definitivamente, não estava pronta para a sua partida. Vi-me forçada a me despedir da minha mãezinha: como levaria a vida daquele dia em diante? Com quem poderia contar para falar dos meus filhos, do meu trabalho, do meu casamento e dos livros que eu lia? A quem eu pediria socorro quando quisesse me lembrar de uma receita para agradar aos meus filhos e ao meu marido?

Eu me vi perdida naquele dia. Me perdi em mim mesma e naquela despedida tão cruel e difícil. Meus filhos ainda eram bem pequenos, dependiam integralmente de mim, dos meus cuidados, e eu me perdi na saudade que sentia de minha mãe. Entreguei-me à tristeza. À dor.

Eu tinha febre todas as noites. Continuei levando minha vida normalmente, trabalhando, cuidando dos meus filhos e do meu marido, mas à noite, quando parava e chegava a hora de dormir, eu tinha febre. Adoeci de saudade.

Eu havia perdido a fé em Deus. Não consegui acreditar na Justiça Divina na partida de minha mãe: eu não estava pronta para viver sem ela.

Permaneci assim, com muita saudade, uma saudade dolorida e que me adoecia, durante um ano. Vivi em luto por minha mãe por 365 dias. Eu continuava sendo presente na vida da minha família e não deixei de trabalhar nenhum dia sequer, mas fisicamente – com febre todas as noites – o meu corpo manifestava o meu luto, preocupando a todos que estavam ao meu redor.

Não gosto de me lembrar desse período, desse ano, não porque ainda não aceite a partida da minha mãe – hoje, minha compreensão diante da fé é outra. Não gosto de me lembrar desse tempo porque sei que não posso voltar atrás.

Sei que não vivi esse ano. Sei também que essa atitude não deixava que minha mãe fosse lembrada e vivesse ao meu lado de outra forma, no plano espiritual. Chorava ao me lembrar de minha mãe e, durante esse ano de luto, me impedia de lembrar dela, impedia que falassem dela perto de mim. Não queria me lembrar. Não queria aceitar que não podia mais vê-la ou abraçá-la.

Lembro-me de meus filhos me consolando. Perdoem-me por não ter tido a força da minha mãe para encarar a dor e a saudade com tanta sabedoria como ela soube fazer. Perdoem-me.

Hoje, com a partida do Thomaz, sei que não falar, não deixar que falem das pessoas que partem, é permitir que elas partam para sempre. É permitir que elas sejam esquecidas. Que elas deixem de ser lembradas e deixem de continuar vivendo em outra dimensão.

Hoje, eu sei disso. Naquele ano, eu não conseguia entender. Talvez pela imaturidade ou pela perda da fé. Acredito muito mais que tenha sido pela falta de fé do que pela falta de experiência. A crença em Deus, a fé, é capaz de mudar tudo. Hoje, eu sei disso.

Naquele ano, me faltou fé...

E muito mais do que saber que naquele ano me faltou fé, hoje tenho plena consciência de que ter passado por momentos tão difíceis com a partida da minha mãe me preparou para continuar seguindo em frente, com uma atitude diferente, mais cheia de amor e de fé, no momento da partida do Thomaz.

Sozinha, em minhas orações, retornando a São Paulo de Campos do Jordão, enquanto tomava consciência do que havia acontecido com o Thomaz e me encontrava com Deus, eu me lembrava do tempo de minha mãe: me lembrava tanto de sua força e luz diante da vida quanto de minha reação à sua partida. E com essas lembranças, decidi-me por seguir em frente, por levar a luz do Thomaz adiante, por mantê-lo vivo mesmo com sua ausência física em minha vida.

Deus, mais uma vez, depois de muito tempo da partida de minha mãe, mostrou o quanto sabe guiar os nossos passos: se não tivesse vivido o que vivi no ano em que minha mãe se foi, não teria tido força e sabedoria para ser diferente, agindo com mais amor e mais fé, desde o primeiro minuto em que tomei consciência da partida do Thomaz.

Esta vida vai passar rápido. Não brigue com as pessoas. Não critique tanto o seu corpo. Não reclame tanto. Não perca o sono pelas contas. Não deixe de beijar seus amores. Não se preocupe tanto em deixar a casa impecável. Deixe os cachorros mais por perto. Não fique guardando as taças. Use os talheres novos. Não economize tanto seu perfume predileto; use-o para passear com você mesmo. Gaste seu tênis predileto, repita suas roupas prediletas, e daí? Se não é errado, por que não ser agora? Por que não dar uma fugida? Por que não orar agora em vez de esperar para orar antes de dormir? Por que não ligar agora? Por que não perdoar agora? Espera-se muito o Natal, a sexta-feira, o outro ano, quando tiver dinheiro, quando o amor chegar, quando tudo for perfeito... Olha, não existe o tudo perfeito. O ser humano não consegue atingir isso porque ele simplesmente não foi feito para se completar aqui. Então, aproveite este ensaio de vida e faça-o agora...

Autoria desconhecida

Minha família, minha força diária

Passei um ano sem ter vivido integralmente por ocasião do luto pela partida de minha mãe. Um ano, exatamente, 365 dias.

Não consigo, no entanto, me lembrar sequer que tipo de evento ou acontecimento me fez sair do luto. Não sei, exatamente, o que aconteceu. O que me fez retomar a verdadeira Lu. O que me fez deixar de ficar doente e de entender a passagem da minha mãe para outro plano.

Talvez se eu perguntar a algum dos meus filhos ou ao meu marido, eles saibam me dizer. Não me atrevo, no entanto, a fazê-los relembrar desse período: sei que é algo latente em nossa memória, sei que os marcou tanto quanto marcou a mim, uma vez que eu tinha febre todas as noites. Pode ser que não tenha havido um evento específico, pode ser que eu tenha retomado a minha vida e só, e que o período de luto tenha passado. Não sei dizer.

O que posso afirmar é que, com o passar dos dias naquele ano, passei a pensar em minha mãe como sinônimo de força. Aos poucos, tomei consciência do quanto a vida havia lhe cobrado coragem: primeiro, perdera o marido, grande amor de sua vida, repentinamente, e ela se viu sozinha na vida para cuidar de 12 filhos. E ela permaneceu forte, sempre nos ensinando a ser felizes e a amar o próximo.

Acredito que o ato de continuar, de seguir em frente, de continuar amando a minha família e me dedicando a ela e ao meu trabalho, tenha me feito, aos poucos, curar aquela saudade febril, entender que a partida de minha mãe a fez viver em outro plano, o espiritual.

A vida seguia sem a presença física de minha mãe. Eu tinha de continuar, como ela havia feito antes de mim. Eu tinha de me reerguer e me dedicar a amar os meus filhos, o meu marido, o meu trabalho.

Geraldo Neto, Thomaz e Sophia, amores da minha vida.

Cerquei-me de amor. Retomei a minha vida e entendi que a minha mãe continuaria ao meu lado. Que eu teria de me acostumar com a saudade. Que a ausência era física e que não teria mais a possibilidade de abraçá-la e de demonstrar todo o meu amor por ela. Eu teria de aprender a entender isso em respeito a ela.

E aprendi, graças aos meus filhos, marido e trabalho social. Depois desse ano de luto, minha mãe continuou sendo minha inspiração e passou a iluminar todos os meus atos. Cada vez que realizava o meu trabalho e que via a vida de uma pessoa se transformando, sentia a presença da minha mãe. Ela era a minha luz e seguia comigo.

Em 2004, um bom tempo após a partida de minha mãe, a Isabella, filha mais velha do Thomaz, nasceu. Encheu a casa, a vida e os nossos corações de amor, de luz e de alegria. Naquele momento, além de esposa e mãe, eu havia me tornado avó. Não poderia ter desejado momento melhor e mais adequado para que a Bella chegasse às nossas vidas.

Eu era avó! Que dádiva e que bênção é ser avó. Muito jovem ainda, eu pude ver de perto o meu menino Thomaz se tornar pai, amadurecendo para cuidar bem da filha e, ao mesmo tempo, se permitindo fazer molecagens com a criança que ele tão carinhosamente chamava de *Bella minha filha*, e ela retribuía com *papai*.

A Bella é a minha primeira neta e, hoje, como avó, posso dizer que amor de avó também não muda: de neto em neto, ele permanece igual, cresce e se renova cada vez que ouço um *vovó*, que ganho um abraço, que os vejo sorrir. Fui abençoada com seis netos, dois meninos

Meus amados netos.

Filippa, a netinha mais nova. Nasceu em agosto de 2016.

gêmeos e quatro meninas. Todos lindos e amados à sua maneira. Vê-los felizes é essencial para que a minha felicidade seja completa.

Antes de ser avó eu ouvia com curiosidade algumas mulheres contando sobre as alegrias de ter netos. Podia vê-las realizadas, com a energia renovada, dizendo que a bagunça de brinquedos jogados pela casa é uma bagunça saudável. Ouvia e imaginava como seria quando me tornasse avó. E é muito melhor do que eu imaginava, eu garanto! Todas as mulheres deveriam ser avós! Agradeço aos meus filhos por terem me presenteado com netos tão queridos.

A chegada dos meus netos me despertou para mundos que não conhecia ou não me lembrava que existiam. Com a Bella, pude dividir com o Thomaz muitos momentos de amor e diversão nos dias que ela ficava em

Mário, Sophia, Alexa e Filippa.

Taís e Thomaz.

Thomaz e suas filhas, Isabella e Júlia.

Geraldo Neto, Karla e os gêmeos Lucca e Enzo.

casa. Depois, com a Alexa e a Filippa, filhas da Sophia e do Mário, e a Júlia, filha da Tatá e do Thomaz, voltei a frequentar parques e espetáculos infantis. Isso sem contar os livros de história, as brincadeiras e os vestidos "de flores naturais", como diz a Alexa. Com o Enzo e com o Lucca, filhos do Geraldo e da Karla, meu marido e eu retomamos brincadeiras esquecidas: o Geraldo esconde chocolates para que eles o encontrem, e eu voltei a brincar de "monstro", me escondendo com uma roupa longa e uma máscara para assustá-los no escuro. Quando eles nos visitam, a casa fica uma alegria!

Dedicar-me aos meus netos, aos meus filhos, ao meu marido é amá-los. Aprendi com a partida do Thomaz que o momento presente é o que mais importa na nossa vida. Que a qualquer momento Deus pode nos chamar para continuar cumprindo a nossa caminhada em outra dimensão, então, por que não viver o presente? Por que não aproveitar as oportunidades que a vida nos dá para estarmos entre as pessoas que amamos, aproveitando-os ao máximo?

Hoje, sei que são esses momentos que ficam. São as lembranças de nossas atitudes que ficam quando partimos. São os nossos sorrisos que permanecem na memória do outro. É a nossa luz e o nosso modo de encarar a vida que ficam guardados para sempre no coração de quem nos amou quando partimos. Por esses motivos, o presente se tornou o único tempo de minha vida: tento ser o melhor que posso em tudo o que faço. Sendo avó, mãe, esposa, presidente do Fundo Social de Solidariedade e trabalhando com projetos sociais.

Não há tempo, tão curta é a vida, para discussões banais, desculpas, amarguras, tirar satisfações.
Só há tempo para amar, e
mesmo para isso, é só um instante.

Mark Twain

Geraldo, meu grande amor,
e a família que construímos

Graças à Gilda, minha irmã, conheci o Geraldo. Ela vivia me falando sobre o vereador estudante de medicina, que eu devia conhecê-lo. Lembro-me de passarmos pela Câmara Municipal de Pindamonhangaba ao final das sessões todas as segundas-feiras. Nesses "encontros", nossos olhares se cruzavam. Nascera ali o interesse entre nós. O tempo passou até que, em um baile que aconteceu em um clube da cidade, ele me tirou para dançar. E estamos dançando até hoje...

Meu grande amor, Geraldo Alckmin.

Durante o namoro, o Geraldo ainda cursava a faculdade de medicina e continuava trabalhando como vereador – à época, era também o presidente da câmara por ter sido o mais votado – não havia salários para os vereadores, tudo era feito por espírito público. Quando decidiu se candidatar a prefeito, Geraldo me procurou entusiasmado para contar a novidade. Num primeiro momento, não gostei da ideia:

— Como vai abandonar a medicina, deixar de salvar vidas, para seguir na política?

Foi então que ele me surpreendeu, como sempre faz, com sua inteligência e determinação:

— Lu, mas a política é a arte e a ciência de servir!

A partir daí, eu compreendi o significado da verdadeira política e passei a apoiá-lo nesta decisão.

Quando nos casamos, ele era prefeito de Pindamonhangaba e já demonstrava amor pela vida pública e por ajudar as pessoas. Desse período, lembro-me do conselho do meu sogro ao filho, quando viu que ele havia decidido seguir a vida pública:

— Geraldo, meu filho, embora você seja médico, gosta da vida pública. Se for fazê-la, lembre-se de três coisas:

Primeiro: dedicação. Isso é coisa séria. Política interfere na vida de muita gente. É preciso fazer com seriedade.

Segundo: coragem moral.

Terceiro: vida pessoal modesta. Quer ficar rico, vá para o setor privado. Vida pública é para servir as pessoas.

E Geraldo segue o conselho do pai à risca desde o início, como prefeito por seis anos, passando pelos cargos de deputado estadual, duas vezes deputado federal, duas vezes vice-governador de Mário Covas e duas vezes governador de São Paulo.

Dia do nosso casamento, felicidade sem fim.

Nestes quase 40 anos em que estamos juntos, a cada dia estou mais apaixonada pelo Geraldo. Acredito que para amar é preciso, antes de tudo, admirar. E todos estes anos ao lado dele só fizeram aumentar a minha admiração por este homem íntegro, justo e companheiro, tanto nos bons momentos como nos momentos mais difíceis de nossas vidas.

"Estou casado com a Lu há 38 anos e só me arrependo de uma coisa: não ter me casado antes. Há 38 anos, a Lu trabalha comigo, sem nunca ter tido um salário, ou recebido algo em troca. Sempre foi como voluntária, fazendo trabalho social", contou Geraldo no discurso proferido no dia 28 de abril de 2017, por ocasião do Congresso Paulista de Municípios, em Campos do Jordão.

A caridade e o cuidado com o outro é o que orienta nossa trajetória e parceria de vida e de trabalho. É como diz Santo Agostinho, "a política bem-feita é o ponto alto da caridade". Acredito que temos seguido esse caminho: o do amor, da coragem e da moral.

Foi também com muito amor que essa nossa parceria de tantos anos resultou em uma família linda. Primeiro, veio a nossa querida filha, Sophia. Logo depois, nasceu o Geraldo Neto, nosso filho do meio. E, por último, o Thomaz, nosso caçula.

Thomaz, Sophia e Geraldo Neto, frutos do nosso amor.

A diferença de idade entre eles é muito pequena e desde sempre os ensinei a serem amigos, como fizeram minha mãe e meu pai comigo. Eles são os melhores amigos um do outro. Com a partida do Thomaz, tenho certeza de que eles também seguem encontrando o irmão em outro plano, sentindo a presença dele em demonstrações de amor, cada um à sua maneira.

Quando pequenos também lhes ensinamos como a vida é maravilhosa e simples: o valor de tudo está nas pequenas coisas, no *ser* e não no *ter*. Já nascidos com uma vida pública, era preciso ter cuidado para educá-los de modo que não caíssem na armadilha da vaidade. Com o relato de uma professora, quando eles ainda eram pequenos, constatei que havíamos feito um bom trabalho como pais:

— Lu, hoje, na escola, os amiguinhos descobriram pelo sobrenome que o Geraldo é filho do vice-governador. Ele não comenta isso com ninguém...

— Mas isso não o torna diferente dos outros — respondi.

Ela sorriu, sem dizer nada. Eu fiquei feliz em saber disso. Havíamos feito um excelente trabalho na educação dos nossos filhos, era isso o que importava.

Apesar de muito quieto e ter uma personalidade mais contida, minha relação com Geraldo Neto, meu filho do meio, sempre foi de muito amor e muita cumplicidade. Conhecendo-o como conheço, nunca o forcei a ser diferente, a chegar e contar tudo o que havia passado no dia, seus desejos e sonhos. Não. Sempre o respeitei e me atento a estar disponível quando ele me procura com vontade de compartilhar qualquer coisa que seja, uma conquista, uma história ou um pouco de silêncio. A nossa relação é assim.

Meus pais sempre foram a minha referência de amor e de inspiração. Tudo o que sou hoje, devo a eles, à educação e ao amor que dedicaram a mim e aos meus irmãos. Nossa relação sempre foi muito forte. O meu pai, apesar de sempre ter de cumprir uma agenda pública, nunca deixou de nos dar atenção e de estar presente em nossa vida. E a minha mãe, ah! A minha mãe dedicou a vida toda a nos amar, a cuidar de nós.

Eu me lembro do dia em que o meu irmão se foi. O dia mais triste de nossas vidas. Logo que recebi a notícia, pensei em minha mãe. Como seria de agora em diante? Como ela reagiria? Não saía da minha cabeça a reação dela quando a minha avó – sua mãe – faleceu. Ela ficou muito triste, adoeceu e demorou para se recuperar da saudade que sentia dela. E agora, com Thomaz, como seria? Eu só pensava nisso e buscava forças para ampará-la, para cuidar dela e dar forças para que ela seguisse em frente.

Quando ela chegou de Campos do Jordão, sofria como toda mãe e todo pai com a perda de um filho. Mas vi de imediato a mudança no seu olhar. Ela estava forte. Sentia muita dor e chorava muito, mas eu já conseguia ver que era diferente, ela não estava do mesmo jeito de quando minha avó se foi...

Os dias passaram e ela continuou forte, apoiando e dando forças para todos nós. Sua fé me emociona, me enche de orgulho. E vê-la fazendo tudo com muito mais amor, mais fé e mais coragem, seja no trabalho social que tanto ama ou em sua vida, me deixa ainda mais orgulhoso de minha mãe. Hoje, eu a admiro muito mais!

Eu pensava que teria que ampará-la, quando, na verdade, ela já sabia que teria que amparar a todos nós no momento mais difícil de nossas vidas.

A Sophia, minha filha mais velha, sempre foi minha amiga. Sempre dividi com ela gostos e afinidades por assuntos comuns. Desde pequena, ela me ajuda – algumas vezes, acredito que me ajude mesmo inconscientemente. E, hoje, adulta, ela segue sendo minha amiga, minha companheira, nos ajudamos uma a outra.

Lembro-me como se fosse hoje, quando ainda morávamos em Brasília, os meus filhos ainda eram bem pequenos, e a Sophia maiorzinha cuidava do Thomaz e do Geraldo para protegê-los e para me ajudar. Certo dia, a professora dela me chamou na escola para me contar algo que me emocionou muito: ela me disse que, quase todos os dias, a Sophia pedia para ir ao banheiro ou para beber água, saía da sala, porém demorava para voltar. Então, a professora resolveu segui-la e qual não foi a sua surpresa ao ver que ela ia até a sala de cada um dos irmãos para verificar se eles estavam bem. Ainda hoje, me emociono com essa história por ver desde cedo o carinho e o amor de irmãos e de amigos que existem entre os meus filhos.

A minha mãe sempre foi muito presente e muito dedicada a tudo o que se propõe a fazer. Sempre se preocupa com o bem-estar de todos que estão ao redor dela, quer ver todo mundo bem e feliz. Lembro-me de quando moramos em Brasília, ela inventava muita coisa para gente fazer no fim de semana, sempre tinha uma história diferente para contar, um passeio no parque, um filme em casa: ela sempre dava um jeito de nos fazer ver o lado bom de estar em Brasília, mesmo não tendo muito o que fazer.

E ela é assim, vê o lado bom em tudo. Sempre otimista, enxerga o melhor lado de tudo o que acontece. É uma Poliana perfeita. Sempre tenta fazer a gente entender que nada aconteceu por acaso e que se deve tirar algo bom de uma situação, mesmo que ela pareça ruim. Uma vez, estava passeando no Canadá com o Mário, meu marido, e eu me enganei com o horário da passagem de volta, perdemos o voo e o Mário ficou muito bravo comigo, pois ele ia perder um dia de trabalho e não sabia como ia avisar o chefe dele. Nervosa, liguei para minha mãe e ela, muito calma, me disse que era para eu me acalmar e aproveitar aqueles dois dias a mais com o Mário, conhecer o que não tínhamos visto, que o Canadá era um país lindo... Eu ri tanto de nervoso quanto por achar graça naquele comentário... É ou não é uma Poliana?

A minha mãe também sempre teve muito orgulho do que faz, do trabalho dela. E sempre, sempre, fala bastante sobre isso, sempre com muito orgulho e muito amor conta às pessoas o que ela faz, as transformações na vida das pessoas, como é bom ajudar, como ela gosta de ajudar o outro. Meus irmãos e eu costumávamos brincar com ela, dizendo que íamos avisar aos nossos amigos que, sempre que fossem à nossa casa, tinham que se preparar para ficar um pouco mais para poder ouvir a minha mãe...

Ela sempre quis nos ver felizes. O que importa para ela é a nossa felicidade, nada além disso é mais importante. E, com isso, sempre nos apoiou em nossas decisões, sempre procurou nos mostrar o correto, mas nunca nos desmotivou a realizar um sonho. Em algumas situações, eu me lembro de ter me preocupado e ter ficado um pouco irritada com relação a isso, pois ela sempre entendeu o fato de o Thomaz não ter paciência para passar horas dentro de um escritório ou horas estudando. Eu me preocupava, pois achava que ela tinha de fazer com que ele estudasse e escolhesse logo o que fazer... mas, no fundo, ela o conhecia e sabia que ele encontraria algo que o fizesse feliz. E foi o que aconteceu quando ele começou a pilotar. Nunca vi meu irmão tão feliz e dedicado a algo. Ele estava feliz, realizado.

O Thomaz era assim, vivo, feliz. Cheio de personalidade e fazia tudo do jeito dele. Muito discreto, não gostava de aparecer, ficava sempre na dele. Sua personalidade era tão forte que ele "me ajudou" a morar com o Mário antes de me casar: já estávamos com o casamento marcado, mas o meu pai não estava muito confortável com o fato de morarmos juntos antes de nos casar. Então, para não o decepcionar, eu fui me mudando aos poucos, levando minhas coisas para o apartamento num ritmo bem lento; até que um dia cheguei em casa e encontrei todas as minhas coisas dentro de umas caixas e uns sacos de lixo. O Thomaz apareceu em seguida dizendo que estava me mandando para a casa do Mário e que não era para eu voltar, que o Mário cuidasse bem de mim e que fôssemos felizes. Na verdade, ele queria o meu quarto para ele, já tinha 20 anos e não aguentava mais ter de dividir o quarto com o Geraldo, nosso irmão. O Thomaz que "me mudou" de casa...

Thomaz é o mais novo dos meus três filhos. Desde pequeno, ele sempre gostou de estar em contato com a natureza e com os animais, talvez por isso o fato de nunca se distanciar das suas origens. Nascido em Pindamonhangaba, vira e mexe lá estava ele em nosso sítio, onde também costumava ir para praticar *motocross*.

Uma das paixões do Thomaz, o *motocross*.

Ele sempre me mostrava seus vídeos em ação, em cima da moto, e eu me arrepiava só de ver as manobras, os saltos, mas sabia que ele se sentia realizado quando demonstrava um alto nível de controle, resistência e reflexo, o que me deixava um pouco mais tranquila.

E foi o *motocross* que acabou levando-o para uma outra paixão que surgiria com força já na fase adulta: a aviação. Thomaz se interessava pela parte mecânica, um curioso nato que adorava reparar e montar motores que ele, com muita destreza, fazia por puro prazer.

Aos 29 anos, ele abraçou a carreira de piloto com aplicação e entusiasmo. Dedicado e comprometido com a profissão, Thomaz estava em constante processo de treinamento e formação, o que o habilitou a pilotar diversos modelos de aeronaves como os Robsons 22, 44, 66; o Esquilo; o Jet e o Long Rangers; e o Bell 407.

Aviação: realização de um sonho.

Sempre muito generoso e alegre, Thomaz era carinhoso com todos. Não há uma pessoa que eu encontre que o conhecia que não tenha uma boa lembrança, uma história engraçada, ou que não se lembre dele com carinho.

Quando criança, Thomaz ouviu seu avô paterno, o saudoso dr. Geraldo, dizer-lhe certa vez que, na vida, o importante não é ser o primeiro; o importante é ser bom.

— E você é bom — acrescentou seu avô. — Você é carinhoso com as pessoas, gosta dos animais.

Certa vez, durante as férias escolares, quando o Thomaz estava na praia com os primos, o tio Morgado começou a indagar as crianças sobre o que iriam ser quando crescessem, e cada um foi respondendo... "eu quero ser médico", "eu quero ser engenheiro", "eu quero ser professor"... e a resposta do Thomaz foi: "EU QUERO SER FELIZ!".

E foi assim que o Thomaz procurou ser a vida toda. Sua breve, mas intensamente realizada vida. Ele viveu para ser bom. Para ser feliz.

Thomaz, Sophia e Geraldo Neto: união e cumplicidade.

A vida é para ser vivida em conjunto,
é quando as melhores coisas acontecem.

Amigos,
um encontro de almas

Ao parar para me lembrar da minha infância, logo me vem à memória a vida no sítio com a minha família. Como fomos felizes naquele lugar! Nada nos faltava, claro, vivíamos com muita simplicidade e economia: não é fácil, afinal, criar 12 filhos e manter uma casa com tanta gente. Nós tínhamos pouco, mas tínhamos tudo: não precisávamos de mais nada. Bastávamo-nos.

Tanto que nos bastávamos que não consigo me lembrar de amigos da infância ou adolescência. Na verdade, não me lembro deles porque não os tive. Primeiro, porque, imagine, em uma família com 12 filhos, se cada um aparecesse com um amigo, significavam mais 12 pessoas para serem alimentadas cada vez que aparecessem – impossível para a vida que levávamos. Segundo, éramos tantos que não precisávamos de pessoas que não fossem da família para nos sentirmos completos.

Acredito que, se tanto meus irmãos quanto eu não procurávamos por amigos e não sentíamos necessidade de tê-los, é pelo exemplo de vida e de amor que meus pais sempre nos deram e pela educação que se dedicaram a nos oferecer: crescemos unidos e amigos uns dos outros.

Minha família no sítio: amor e humildade, bases que me fizeram essa Lu.

Claro, como em toda família, havia briguinhas bobas entre irmãos, disputas para saber quem era mais amado, mais querido. Havia, e como havia. Mas até isso os meus pais souberam conduzir, nos faziam enxergar de maneira saudável que tudo aquilo era parte do nosso crescimento, da nossa educação. Numa atmosfera tão amigável quanto essa, não tínhamos outra alternativa que não a de sermos amigos uns dos outros. Os melhores amigos.

Eu amava aquela vida. Amava os meus irmãos. Amava os meus pais. Amava ver o amor e a paixão do meu pai pela minha mãe – que era uma mulher linda e cheia de vida. Amava os dias no sítio. Amava sentar-me à mesa sempre com tanta gente e partilhar o que tínhamos. Amava ser amiga dos meus irmãos. Amava tê-los como amigos.

Era (é) tanto amor que não ouso dizer que não tive amigos na infância. Tive, sim. Os melhores do mundo, os quais preservo até hoje.

Crescemos no sítio em Moreira César, distrito de Pindamonhangaba, e boa parte do que somos hoje devemos àquele lugar, à vida que vivemos lá. Já adultos, entretanto, como acontece com todas as famílias, a vida seguiu. Cada um para um canto, construindo uma nova família. Tínhamos na figura da mamãe a nossa união; enquanto ela esteve viva, nos reuníamos todos os domingos na casa dela; ela amava cozinhar, era sempre tudo maravilhoso! Passávamos momentos deliciosos juntos, como se não tivéssemos crescido. Era maravilhoso. Sinto saudades desses encontros.

Foi, então, adulta e longe dos meus irmãos que os amigos começaram a aparecer na minha vida.

Fernanda, uma amiga para todas as horas

Movidas por interesses bastante parecidos, o trabalho se encarregou de nos unir: uma conhecida em comum nos colocou em contato para que eu conhecesse o trabalho da Fernanda. Não poderia ter encontrado melhor indicação, tanto profissional quanto pessoal. Mais uma vez, fui abençoada com um encontro maravilhoso e histórias inspiradoras.

Fernanda Grecco, amizade e parceria.

A Fernanda apareceu inicialmente como uma possível doadora de tecidos para a Escola de Moda; afinal, para ensinar a costurar, precisávamos do básico: tecido. E ela, que tem uma indústria têxtil no interior de São Paulo, se interessou pelo trabalho desenvolvido no Fundo Social de Solidariedade.

Lembro-me do nosso primeiro encontro com bastante emoção. Eu me deparei com uma excelente profissional apaixonada pelo que fazia.

Agradeço a Deus por ter colocado em minha vida uma amiga que é mais que uma irmã, uma parceira de trabalho, uma amiga para todas as horas, com quem estou sempre aprendendo. Geraldo e eu, nos momentos de lazer, gostamos muito da companhia da Fernanda e do José Luiz, seu marido.

Tanto quanto eu, a Fernanda ama ajudar as pessoas, e foi por isso que nos tornamos amigas.

Recebi da Fernanda um depoimento no qual ela também fala sobre a nossa amizade:

Eu sonhava encontrar uma grande amiga. Uma pessoa com quem eu pudesse contar e pudesse chamar de amiga mesmo. Eu pedia isso a Deus.

E Deus me presenteou com a Lu. A Lu é mais que uma amiga para mim, é uma irmã. Com ela, aprendo todos os dias. Sempre aprendo. Ela sempre tem uma palavra para me acolher. Um tempo para me receber, mesmo com uma rotina tão cheia de compromissos.

Lembro-me de um conselho que ela me deu: "Fernanda, a gente precisa aprender a ouvir as pessoas, a deixar o outro falar por ele, refletir sobre o que ouvimos". Eu sou muito acelerada, quero resolver as coisas. E ouvir esse conselho me fez refletir sobre mim, me fez querer evoluir.

Cleuza Ramos, minha madrinha

Conheci a Cleuza Ramos em 1995, quando Geraldo era vice-governador do Mário Covas. Eu era voluntária do Fundo Social de Solidariedade, presidido à época por dona Lila, primeira-dama.

Em 2000, nos aproximamos mais. Na ocasião, o Geraldo era candidato à prefeitura da cidade de São Paulo, e a Cleuza e eu íamos à periferia para que eu pudesse ouvir as necessidades da população.

Em 2001, com o falecimento de Mário Covas, o Geraldo, que havia perdido as eleições para prefeito, assumiu o Governo do estado de São Paulo, e eu, o Fundo Social. Foi nesse momento, quando ofereci doações de cestas básicas e cobertores, que a Cleuza disse algo que marcou o meu trabalho para sempre: "Não queremos esmola, queremos qualificação".

Minha madrinha, Cleuza Ramos.

A partir disso, ela se tornou minha madrinha. Compreendi que mais importante do que dar o peixe é ensinar a pescar.

A Cleuza sempre me surpreende...

A aceitação que tive no momento em que soube da partida do Thomaz, tenho certeza que veio da energia de tantas orações. Dentre elas, as da comunidade da Cleuza que se materializou em seis livros que reúnem cartas de pessoas que se colocaram em meu lugar e dedicaram suas palavras para acalmar meu coração.

Sempre fiz o trabalho social com muito amor, mas nunca pensei que um dia poderia receber tanto amor e gratidão que me ajudaram tanto no momento mais difícil da minha vida. E eu só tenho a agradecer a Deus por isso.

Esta é a mensagem que abre o livro com as cartas reunidas pela Cleuza em sua comunidade:

Dona Lu querida,

Sua caminhada ainda não terminou...

A realidade te acolhe, o povo humilde te acolhe dizendo que pela frente o horizonte da vida que a senhora escolheu necessita de suas palavras, de sua companhia, de sua MATERNIDADE.

A vida que nós tocamos, as digitais não se apagam, ficam gravadas na Alma.

Seu coração é forte!

O presente é tão grande, não nos afastemos, vamos de mãos dadas...

Então, é o momento de seguir em frente, pois ainda há muitos que necessitam de sua luz para enxergarem um caminho.

Que Nossa Senhora te fortaleça!

Um beijo,

Amigos da Associação.

Em um depoimento, Cleuza sintetizou a nossa amizade:

Conheci a dona Lu há muito tempo e me lembro de ir com ela nas visitas às comunidades. Eu estou acostumada a andar por esses lugares, a conversar com o povo que vive lá. E me surpreendi com a dona Lu. Uma vez, fui com ela visitar a casa de uma senhora em uma comunidade. Era um barraquinho, estava tudo muito limpo, parecia que ela tinha acabado de limpar para nos receber, estava cheirando a limpeza. Chegamos bem na hora do almoço e a mulher estava esperando a gente para almoçar. De cara, eu recusei, não quis comer aquela comida, não sabia como tinha sido feita, se tinha água e se tinha higiene... Fiquei muito envergonhada quando a dona Lu se sentou à mesa e fez um prato: era arroz, feijão e uma salada de alface e tomate.

— Cleuza, pega, tá uma delícia!

Sem jeito, fiz logo meu prato. Naquele dia, minha vida mudou: como eu ousava julgar alguém e me recusava a comer a comida feita por uma pessoa igual a mim se a dona Lu não julgava? Aprendi a ser melhor, a não julgar, e a ver o outro como eu sou.

Quando fiquei sabendo o que tinha acontecido com o Thomaz, comecei a rezar por ele e pela dona Lu. E pedi que todos rezassem também. Como mãe, eu não conseguia imaginar como era perder um filho, a dor que ela estava sentindo. Queria mandar boas energias, força e, por isso, organizei as cartas. Ela precisava de nós, a quem ela tanto ajuda.

Gilda, minha irmã, minha amiga

Como já disse, meus irmãos sempre foram meus amigos. Escolher somente um para descrever essa amizade tão sincera e bonita não foi tarefa fácil. E foi a alegria de viver da Gilda que me fez decidir por ela, para que ela representasse todos eles.

Gilda ao lado do Thomaz

Sempre tive a Gilda como inspiração. Ela é uma mulher linda e com um humor de fazer inveja a qualquer um. Quando criança não era diferente. Com uma personalidade forte, ela sempre soube o que queria e lutava para que seus sonhos fossem realizados, dos menores aos maiores.

Devo à Gilda o fato de ter conhecido o Geraldo, meu grande amor.

Hoje em dia não encontro a Gilda e meus irmãos tanto quanto gostaria, mas, sempre que nos encontramos, sinto que é como se voltássemos à nossa infância, tão alegre e divertida.

Em um depoimento, a Gilda falou um pouquinho sobre mim:

Daqui da minha janela, eu enxergo a casa da Lu. De vez em quando, eu pego binóculo, vejo que está cheio de gente, e mando uma mensagem correndo "o que vocês estão fazendo?" e ela me responde, "balança o lençol, Gilda!".

A Lu sempre teve umas brincadeiras assim, bonitinhas, a mais famosa é a do monstro. Como nos divertimos com isso! No tempo em que o Geraldo era deputado, eles moravam em Brasília e, durante as férias, eles iam para o sítio em Pinda e lá passávamos uns dias juntos, com quase toda a família. Uma vez, o Joãozinho, um sobrinho, pediu que ela fizesse o monstro para assustar uma amiga que estava lá e ele queria assustar a menina. Pediu à Lu que ela brincasse de monstro. Ela topou na hora. À noite, nem a chegada do Geraldo fez com que ela deixasse de brincar. Foi a maior brincadeira! Todo mundo se assustou, brincou, deu risada e entrou na onda.

A Lu é uma mulher muito forte, como a minha mãe. E tinha uma relação muito intensa com o Thomaz desde que ele nasceu, e ele, com ela. Quando ele se foi, pensei que ela não fosse aguentar. Logo que soube da notícia, a primeira coisa que me veio à cabeça foi "como a Lu vai ficar agora?".

Eu queria vê-la, ajudá-la. Achei que ela não aguentaria, mas me surpreendi... Como a minha mãe, ela segue a vida...

Doutor Jou, mais que médico, um amigo

Mestre da acupuntura, ele sempre se empenha para nos ver bem. Sempre tem uma palavra que conforta o nosso coração. Era amigo do Thomaz e ansiava por resolver as dúvidas e inquietações dele.

Thomaz e seu amigo, doutor Jou.

Quando o Thomaz partiu, durante uma conversa com o doutor Jou, ele me disse: "Thomaz queria fazer coisas extraordinárias". Então, eu concluí: "O senhor matou a charada! O Thomaz vai fazer coisas extraordinárias através de mim, por meio do trabalho social". E tem sido assim desde então.

Outro momento em que o doutor Jou soube entender a minha trajetória foi no meu percurso pela Rota da Luz SP. Ele definiu aquela minha caminhada de dor, penitência, oração e entrega como uma passagem, um encontro entre mim e o Thomaz. E me disse:

— Dona Lu, a Rota da Luz SP é a volta do Thomaz.

Depois disso, tudo mudou.

Em depoimento, o doutor Jou disse:

Logo depois da partida do Thomaz, a dona Lu passou por um processo de transformação e continuidade. Depois de um mês de isolamento, ela compreendeu que o que havia acontecido era uma passagem e tudo passou a ser dona Lu e Thomaz. No trabalho social, ela é uma pessoa muito altruísta, ela passou a trabalhar por ela e pelo Thomaz. Ela conseguiu transformar a dor em força, o trabalho virou uma essência, um canal pelo qual ela consegue tocar as pessoas, fazendo o bem e transformando a vida delas.

Ela acredita que o Thomaz está no trabalho dela e que ele se manifesta por meio dele e isso fez com que ela passasse a trabalhar com mais amor, mais coragem. E essa energia se multiplica, ajudando ainda mais gente, e fazendo com que ela se sinta cada vez mais próxima do filho que já partiu. É bom pra ela e bom pra quem está perto dela.

Dona Janet, minha mãezinha

Costumamos brincar uma com a outra de que somos mãe e filha. Conheci a dona Janet, diretora da Escola Morumbi, pois ela sempre se preocupou em ajudar nos trabalhos realizados pelo Fundo Social de Solidariedade.

Dona Janet: carinho e admiração

Dona Janet, sempre muito carinhosa, me escreveu o seguinte depoimento:

Conheço a dona Lu há aproximadamente 20 anos, quando o dr. Geraldo era o vice do governador Mário Covas. Lembro-me bem de quando inauguramos nossa última

Feira de Ciências no Jockey Club e ela veio, singelamente, representando o Palácio dos Bandeirantes.

Sinto que foi ali que nasceu entre nós um grande elo de identificação, pois percebi à minha frente uma pessoa digna, íntegra, discreta e, acima de tudo, generosa.

Nossos laços foram se estreitando graças às muitas ações promovidas pelo Fundo Social de Solidariedade.

A Escola Morumbi sempre contribuiu com todas as campanhas promovidas pelo Fundo e, por meio delas, envolvendo nosso corpo docente, levávamos aos nossos alunos imprescindíveis lições de cidadania!

Acho que eu e a dona Lu temos algumas coisas em comum e uma delas, certamente, é esta vontade de fazer o que deve ser feito da melhor forma possível.

Outra coisa que sempre me encantou na dona Lu foi a extrema discrição com que ela desempenhou o papel de primeira-dama, agindo sempre com bom senso e nunca se deixando levar pela armadilha fácil da vaidade.

Dona Lu tem personalidade própria e, utilizando sua luz interior, nunca fez nada além daquilo que se espera de alguém que ocupa um posto de tal relevância como o dela.

Acompanhei dona Lu em muitas viagens pelo interior, inaugurando as Padarias Artesanais, prestigiando os Jogos Regionais do Idoso – JORI *– e outros tantos eventos da mesma dimensão. Ela sempre se destacou pela simpatia e simplicidade com que recebia todos que a procuravam.*

Não posso deixar de citar o exemplo que ela nos deu quando perdeu um de seus três filhos queridos.

Como no rosto de qualquer mãe que passa por uma situação semelhante, a dor e o sofrimento eram visíveis, mas, acima da tristeza pessoal, sobressaía-se a dignidade que se espera de uma figura pública.

A vida continua e o lamentável acidente não obscureceu a energia de dona Lu que, depois disso, dedicou-se ainda mais ao atendimento às necessidades do próximo, fazendo disso um ato de amor em memória de seu amado filho.

Tenho certeza de que dona Lu é uma dessas mulheres que ajudam a escrever a história do nosso país e ela, por ter consciência disso, age sempre com extrema cautela, para não dar a ninguém a oportunidade de interpretá-la equivocadamente.

Dona Lu, apesar de sua estatura pequena e compleição delicada, é grande como um gigante e forte como um rochedo.

O tempo que temos passado, e que tem nos permitido compartilhar de vários momentos dessa existência, confirma que ela está sempre crescendo em sabedoria, doçura e sinceridade.

Que Deus, em sua infinita bondade, reserve para a dona Lu querida ainda muitos e muitos anos de vida, porque, certamente, ela ainda tem muita coisa boa para dar a todos que precisarem do seu apoio.

Um grande abraço, carinhoso e amigo, da sua mãezinha Janet.

A andorinha salvou o beija-flor e disse:
— Só me sinto digna das minhas asas
se eu as utilizar para fazer os outros voarem.

Augusto Cury

Escolas de Beleza e de Construção Civil: oportunidades para quem precisa

No mesmo ano em que surgiu a Escola de Moda, em outubro de 2011, surgiu a Escola de Beleza. E, em abril de 2012, a Escola de Construção Civil.

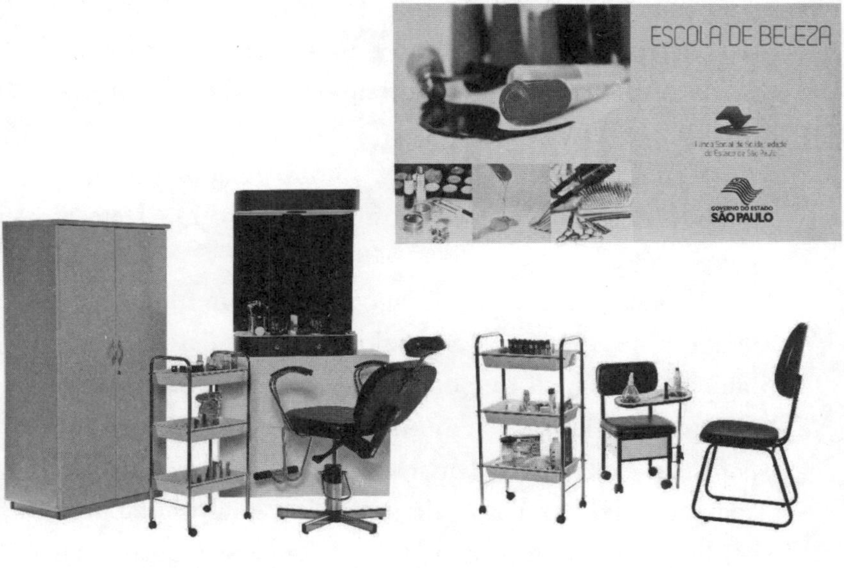

Equipamentos da Escola de Beleza.

Não poderia estar mais feliz como estava naquele período. Depois de muito observar e visitar as comunidades, eu, finalmente, havia compreendido o que a Cleuza sempre lutou para que eu entendesse: era preciso ouvir a população, ver o que eles precisavam, entender a realidade que viviam. E estava realizada com isso.

Queriam emprego, mas não conseguiam. Precisavam colocar comida em casa, mas não tinham dinheiro. Tinham vontade de trabalhar, mas o mercado de trabalho não os aceitava mais. Tinham sonhos, mas não conseguiam realizá-los. Temiam por seus filhos e se entristeciam com a possibilidade de não lhes oferecer um futuro melhor que o deles.

Precisavam mudar o presente. Queriam mudar a realidade e contavam com novas oportunidades de trabalho para que isso acontecesse. Soube ouvi-los e identificar seus desejos, afinal nem todo mundo gosta de cozinhar ou de costurar como oferecido nos cursos da Padaria Artesanal e da Escola de Moda.

Todos nós temos paixões, somos guiados por elas quando decidimos escolher uma profissão. Qual era a paixão deles?

Guiada por essa pergunta, conversei com muita gente em minhas visitas às comunidades. Logo descobri que faltava pouco mais que uns ajustes para que realizassem seus sonhos. Sabiam, mais ou menos, fazer pequenos reparos em casa e sabiam, mais ou menos, como cuidar da aparência. Foi com isso, desse desejo de aprimorar um conhecimento, que as Escolas de Beleza e de Construção Civil nasceram.

Homens e mulheres que estivessem desempregados passaram a ter acesso a cursos que aprimorassem o seu conhecimento em beleza e em construção civil. Oferecemos formação nos cursos de assistente de cabeleireiro, depilação e *design* de sobrancelhas, manicure e pedicure, e maquiagem. Na construção civil, cursos de assentador de pisos e azulejos e pedreiro.

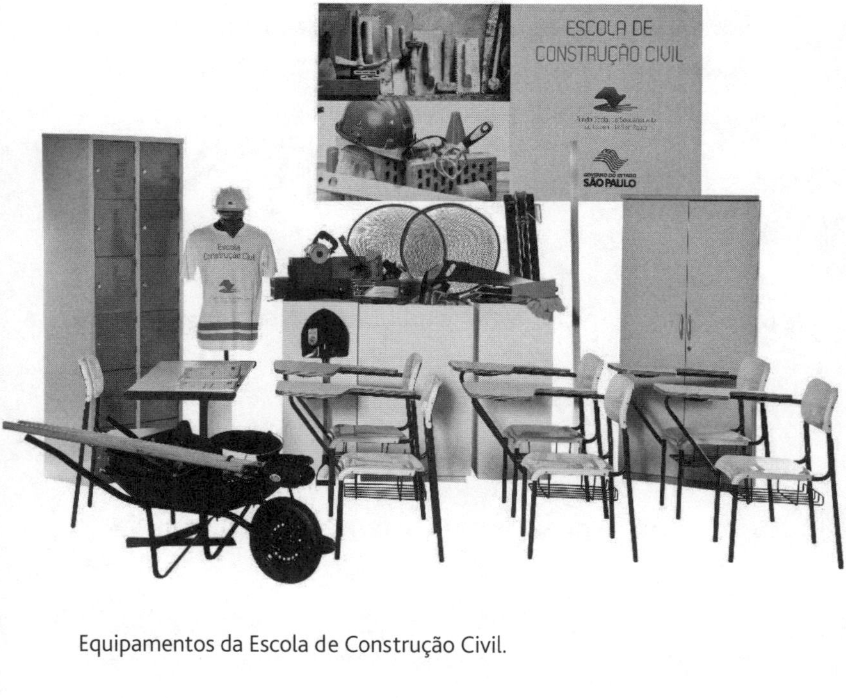

Equipamentos da Escola de Construção Civil.

Felicidade estampada no rosto de cada aluno. Vê-los qualificados, com a possibilidade de entrar no mercado de trabalho ou de começar a trabalhar por conta própria é a melhor coisa que podem me proporcionar, é a minha melhor recompensa.

Além disso, com esses cursos, tive a chance de ver o quanto é libertador ver um homem e uma mulher realizando seus sonhos. O preconceito que ronda a nossa sociedade, muitas vezes, nos impede de realizar nossos sonhos. Mas coragem é o que não falta para os alunos que se formam nas Escolas de Beleza e de Construção Civil: rompem padrões atrás de padrões e não temem assumir os seus sonhos. Mulheres que se tornam pedreiras e homens que se tornam cabeleireiros, maquiadores ou manicures não escondem o sorriso no rosto e são capazes de percorrer o Brasil para ajudar a quem precisa.

Com o passar do tempo, fui aprendendo cada vez mais com o trabalho no Fundo Social de Solidariedade. Além de exercitar o olhar para realmente enxergar as necessidades do outro, comecei a perceber a lógica do trabalho social: quanto mais se ajuda, mais se recebe em troca.

Passei, então, a falar sobre essa experiência tanto com os professores quanto com os alunos dos cursos oferecidos pelo Fundo Social. Sempre participo da aula inaugural e das formaturas de cada curso e, nesses momentos, procuro me expressar com palavras de amor, respeito e solidariedade.

Na primeira aula, minha intenção é cativar os alunos, mostrando-lhes o quanto eles são maravilhosos e capazes de se tornarem profissionais e, assim, mudarem de vida. Para isso, deixo bem claro que os professores são os anjos que permitem que tudo isso aconteça.

Já na última aula, costumo encerrar o ciclo abrindo outro ainda maior. Peço licença a eles para pedir algo em troca do curso:

Com uma das turmas da Escola de Beleza.

Gostaria que cada um de vocês, que se qualificou no curso oferecido pelo Fundo Social de Solidariedade de forma totalmente gratuita, fizesse algo bom para alguém. Qualquer coisa boa, fazer um pão para o vizinho que não tem o que comer, fazer a barra da calça do amigo que está em busca de emprego, azulejar a cozinha do amigo que ainda não terminou a casa ou fazer a sobrancelha da filha. Façam o bem, retribuam com o bem ao próximo, a quem precisa, pois ninguém é tão rico que não possa receber nem tão pobre que não possa dar! Essa é a corrente do bem! Esse é o real sentido dos nossos cursos!

Emociono-me ao ver os alunos emocionados e surpresos com o meu pedido. Em pé, eles me aplaudem, agradecem e, em alguns casos, também dão seus depoimentos, pedem para contar como os dias passados ali transformaram suas vidas.

Com uma das turmas da Escola de Construção Civil.

"Vou à Bahia ajudar um amigo a terminar de construir a casa. De alguma forma, tenho de retribuir o que ganhei com esse curso e, por isso, vou ajudar o meu amigo", declarou emocionada uma mulher formada no curso de construção civil, que estava disposta a encarar uma viagem de ônibus para ajudar um amigo a realizar um sonho.

"Eles insistem no exercício até você aprender mesmo! Você não sai de lá um pangaré! Ensinam quanto você vai gastar de areia, quantos centímetros de laje, de pedra...", conta um ex-aluno do curso de construção civil.

Ao lado dele, um colega de classe disse que "virou protagonista de sua vida, um profissional de qualidade".

Os dois, juntos, foram contratados como pedreiros para reformar a casa de uma senhora que, entusiasmada, disse ter ficado muito satisfeita com o resultado.

Nesses momentos, ao ouvir esses depoimentos sobre transformações de vida, costumo dizer baixinho, emocionada, para mim mesma: "Tá vendo, Thomaz, o que você está fazendo pelas pessoas?". Fico feliz e realizada.

Sonhos realizados. É disso que o Fundo Social de Solidariedade e seus cursos se alimentam.

E lhes enxugará dos olhos toda lágrima, e a morte
já não existirá, já não haverá luto, nem pranto,
nem dor, porque as primeiras coisas passaram.

Apocalipse 21,4

O reencontro com a fé, despedida do Thomaz

Durante aquela viagem de volta a São Paulo no dia 2 de abril de 2015, eu havia tido a nítida sensação de encontro com Deus, de renovação da minha fé. Tive certeza de que a única estrela que brilhava no céu daquele início de noite era o Thomaz me iluminando, me dando forças para compreender o que havia acontecido.

Sozinha, lembrei-me de minha mãe, do quanto ela havia sido forte diante da partida do meu pai. Lembrei-me também do ano de sua partida, da saudade que me fez ter febre durante um ano inteiro. Lembrei-me daquele ano, dos meus filhos pequenos, e do quanto sofri. Eu não queria passar por aquilo de novo, eu não podia sentir aquela febre outra vez.

Eu estava de luto. Sofria. E sentia uma dor que nunca havia sentido antes. O meu filho querido havia partido: como seria daquele dia em diante? E minha família como ficaria? Minhas netas?

Concentrei-me em minhas orações e segui de Campos do Jordão a São Paulo, pedindo a Deus e à minha mãe forças para continuar. Sentia a minha fé se renovando, se multiplicando durante aquelas horas dentro do carro.

Ao chegar em casa e me encontrar com a minha família, meus filhos, meus netos, meu marido, e vê-los sofrendo, percebi que era preciso ter muita força para poder ampará-los, para não os deixar cair naquele momento tão difícil para todos nós. E eu só consegui me manter assim graças à minha fé.

Permanecemos unidos, em oração, pedindo a Deus que nos iluminasse e guiasse os caminhos do Thomaz para que ele permanecesse em paz. O nosso amor de família nos fortaleceu e nos manteve unidos durante aquelas horas de espera pela sua chegada, para que pudéssemos nos despedir dele, de sua presença física em nossas vidas.

Durante o período em que passamos velando o corpo do Thomaz, em oração por ele, muitas pessoas vieram até nós para nos amparar. Colegas de trabalho, amigos, familiares, pessoas queridas e muitos desconhecidos vieram compartilhar palavras de amor que pudessem nos tranquilizar. Agradeço a Deus por ter recebido tanto carinho. Tenho certeza de que a energia e a fé das pessoas me ajudaram a me manter forte.

Lembro-me em especial da figura de um padre que se dirigiu a mim. Não me lembro exatamente de suas palavras, mas consigo me recordar do conforto e da paz que senti ao percebê-lo ao meu lado e ao ouvir suas palavras. Ele havia tocado o meu coração, me fortalecido e me despertado para conseguir ter ainda mais fé para seguir em frente no momento mais difícil daquelas últimas horas: dizer adeus, para sempre, ao Thomaz.

O cortejo do Thomaz saiu do velório e seguiu para Pindamonhangaba, onde ele seria velado por mais duas horas para que os amigos e familiares de lá, que não puderam ir a São Paulo, se despedissem dele e, depois disso, seria sepultado no cemitério municipal junto com o dr. Geraldo e dona Miriam, pais do Geraldo, meu marido, e a Nhá, senhora que cuidou dele depois da partida de sua mãe.

Já era fim do dia quando nos despedimos do Thomaz pela última vez. Ele havia partido. O amor e a luz tomaram conta de seu sepultamento. Muitos amigos, parentes, colegas de trabalho e pessoas queridas nos deram apoio e força naquele momento. E a população de Pindamonhangaba, tão carinhosa, também compareceu para se despedir dele e demonstrar apoio e amor a nós. O meu filho é luz e todo aquele carinho recebido de tanta gente era só o começo do que ele ainda viria a fazer por nós, que seguiríamos o caminho aqui na Terra.

De volta a São Paulo, me lembrei daquele padre, todo vestido de branco, que falou comigo no velório. Ele havia me confortado de um jeito que mesmo sem me lembrar do que ele havia dito e sem me recordar sequer do rosto e das feições dele, eu desejei encontrá-lo, procurá-lo, para que ele pudesse seguir me confortando, me orientando com suas palavras de fé no caminho da luz, para que eu compreendesse a passagem do Thomaz. Encontrá-lo não foi tão fácil, mas, ao ouvir novamente suas palavras, tive a certeza de que havia reforçado a minha fé e que deveria seguir em frente.

Fiquei afastada do trabalho durante trinta dias. E nesse período, respeitei a minha dor. Permaneci em luto, tentando entender o que havia acontecido nos últimos dias. Contei com o apoio da minha família, dos meus amigos e dos meus colegas de trabalho para passar por esse período. Abri o meu coração para receber palavras de conforto, que me deram forças e energia.

Recebi demonstrações de carinho e de amor que jamais imaginei, como as cartas organizadas pela Cleuza. Meus netos e filhos me apoiaram incondicionalmente com amor e cuidado. Meus colegas de trabalho respeitaram o meu silêncio e afastamento. Geraldo e eu nos ajudamos muito durante esse período, nos fortalecemos e reforçamos os nossos laços de amor nesse momento tão difícil. A Fernanda, a Gilda e a dona Janet foram amigas fundamentais nesse momento e me ofereceram todo apoio e conforto. O doutor Jou me tranquilizou com palavras sábias e me ajudou a compreender a passagem do Thomaz.

Durante esses trinta dias me fortaleci. Reforcei a minha fé. Compreendi a grandeza do Thomaz. Entendi qual era a sua grande missão e decidi me dedicar a ela. Compreendi que nunca mais teria o abraço e a companhia física do Thomaz, a presença dele em minha vida, mas entendi que ele seguiria ao meu lado em outro plano, fazendo-se presente mesmo ausente. Isso me fortaleceu. Fez-me seguir adiante.

"O Thomaz queria fazer coisas extraordinárias", me esclareceu o doutor Jou. E eu prometi a ele e a mim que ele continuaria fazendo isso, que ele veria o mundo se transformar como tanto queria. Ele teria em mim a força e a inspiração para continuar levando luz, amor e transformação para onde quer que fosse.

O amor que tinha pelo meu trabalho triplicou. Encontrei no Thomaz a minha inspiração diária para continuar agindo a fim de ajudar o outro. O meu trabalho manteria o Thomaz vivo. E é isso que tenho feito. E já posso dizer que, sim, ele continua emanando sua luz por onde passa. Seja em testemunhos de pessoas que se viram tocadas pela palavra de Deus, ou em histórias de vidas transformadas pelos cursos do Fundo Social de Solidariedade. Em escola, conjunto habitacional, praça e medalhas que recebem o nome dele.

O Thomaz vive e está presente em tudo o que tem luz, amor, esperança. É preciso seguir levando o Thomaz para o mundo. É preciso continuar, apesar de tudo. É preciso renovar a fé todos os dias. É preciso compreender o real valor das pequenas coisas. É preciso aproveitar o momento presente. É preciso dedicar amor às pessoas que amamos e estão à nossa volta. É preciso entender que o *ser* importa mais que o *ter*. É preciso viver hoje, amar hoje, fazer hoje. É preciso cuidar da nossa família. É preciso sorrir.

É preciso deixar que o Thomaz siga fazendo coisas extraordinárias.

É preciso deixar viver quem já partiu...

O amor não desaparece jamais.
Eu sou eu, vocês são vocês.
O que eu era para vocês, eu continuarei sendo.
Deem-me o nome que vocês sempre me deram,
falem comigo como vocês sempre fizeram.
Vocês continuam vivendo no mundo das criaturas,
eu estou vivendo no mundo do Criador.
Não utilizem um tom solene ou triste.
Continuem a rir daquilo que nos fazia rir juntos.
Rezem, sorriam, pensem em mim.
Rezem por mim.
Que meu nome seja pronunciado como sempre foi,
sem ênfase de nenhum tipo.
Sem nenhum traço de sombra ou tristeza.
A vida significa tudo o que ela sempre significou,
o fio não foi cortado.
Eu não estou longe, apenas estou do outro lado do caminho...

Santo Agostinho

O amor que nos move
a rotas de luz

Ao percorrer os 201 km da Rota da Luz SP – mais os 17 km contabilizando as distâncias entre os locais onde dormíamos – minha vida se transformou. Eu saí renovada daquela caminhada de fé e oração a Deus. Eu mudei para melhor. Consegui compreender a passagem feita pelo Thomaz e pude constatar o meu encontro com ele em outro plano e com Deus em todas as coisas.

Depois dessa experiência, eu nunca mais deixei de percorrer as minhas rotas de luz. Restabeleci a minha fé e renovei comigo mesma os reais significados da vida. Passei a conduzir a minha caminhada de modo mais consciente, levando em consideração o que realmente importa, ou seja, passei a verdadeiramente seguir o que o meu coração já me dizia: é mais importante *ser* do que *ter*. Com esse foco, voltei-me com mais força e mais amor a tudo o que me move, a todas as minhas rotas de luz: minha família, meu trabalho social, meus amigos, minha fé, minhas orações, o tempo presente.

Desde então, tenho voltado a percorrer pequenos trechos da Rota da Luz SP. Toda vez que alguém me convida a fazer a caminhada, aceito o pedido e escolho um "novo" pedaço para caminhar que ainda não tenha voltado e, assim, renovar a minha fé, a minha esperança e também rever a natureza e a presença de Deus nas estradas da Rota da Luz SP.

No dia 1º de abril de 2017, encontrei-me com algumas de minhas amigas e com o grupo de amigas da Fernanda que haviam dado início à caminhada no dia anterior. Juntei-me a elas na companhia de meu filho Geraldo e caminhamos cerca de 23 km de Guararema a Santa Branca. A Karla, minha nora e esposa do Geraldo, já estava caminhando com o grupo e nos aguardava.

Mais uma vez, caminhando na Rota da Luz SP.

Aquela era uma caminhada especial. Tanto por ser a primeira vez que meu filho e a Karla percorriam uma parte do percurso comigo quanto por se tratar do marco de um ano da Rota da Luz SP e dos dois anos da partida do Thomaz. Seguiríamos em oração para chegar à missa na Basílica de Nossa Senhora Aparecida em ação de graças ao Thomaz no dia 2 de abril.

Com amigos na Rota da Luz SP.

Peregrinos que participaram da comemoração de 1 ano da Rota da Luz SP.

Reunimos um grupo grande, vindo de Americana na companhia do padre Leandro, da Paróquia de Santo Antônio, que seguia um percurso de fé e gratidão aos 300 anos da aparição de Nossa Senhora Aparecida.

Como da primeira vez, a Rota da Luz SP nos conduziu a percorrer estradas de fé, de encontro e amor a Deus. A natureza, sempre maravilhosa, nos presenteou com cenas emocionantes, nos fazendo lembrar de sua grandiosidade e exuberância. Fiquei feliz em ver que a Rota da Luz SP, em seu primeiro ano de existência, mantinha suas belas paisagens; pude constatar que o peregrino tem respeitado a paisagem a seu redor, mantendo-a limpa. Mais feliz ainda fiquei ao perceber que pequenos restaurantes, bares e pousadas começaram a surgir em estradas antes quase totalmente vazias. A Rota da Luz SP já gera empregos e movimenta a região.

Éramos um grupo movido pela fé; boa parte das pessoas que estavam ali nesse fim de semana também me acompanharam durante a minha primeira caminhada. Isso também me alegrava, a Rota as havia transformado e elas seguiam em oração e com fé em Deus. Seguíamos contentes, entre amigos e pessoas queridas. A alegria, a paz e a oração davam o ritmo de nossos passos. Rezando ou cantando belas canções de amor a Deus, continuávamos:

A chama da fé
Esperança nos olhos
É vida, é luz
Que guia e conduz
Que abre os caminhos

Coração dos aflitos
Nossa Senhora, mãe de Jesus
Das vezes que errei, peço perdão
A cura concedida, a gratidão, amém!
Caminhemos juntos em oração,
Cumprindo a promessa com os pés no chão,
Amém!
Amém!
Nossa Senhora Aparecida, cura minha'alma, me purifica!
Nossa Senhora, mãe de Jesus, guia o caminho da rota da luz!
Mogi das Cruzes começa nossa jornada,
No coração, a fé já faz morada,
Nos olhos de cada irmão, a esperança
Ao passar por Guararema, Santa Branca,
A natureza é nossa fiel companheira
Na caminhada, sempre há alguma surpresa
Dedo de prosa, um abraço, um café
Paraibuna, Redenção e Taubaté.
De madrugada, o galo canta, já é hora
E, logo cedo, a gente já tá de pé
Depois vem Pindamonhangaba e Roseira
Finalmente, chega a capital da fé!
Nossa Senhora Aparecida, cura minha'alma, me purifica!
Nossa Senhora, mãe de Jesus, guia o caminho da rota da luz...[5]

De sábado para domingo, dormimos em Aparecida. No domingo pela manhã, segundo ano da partida do

---

5. Música composta por Matheus André de Pádua (Matheus Minas).

Chegada na Basílica de Nossa Senhora Aparecida para a celebração da Santa Missa.

Thomaz, seguiríamos em caminhada até a Basílica. O dia 2 de abril não é um dia fácil para mim e poder passar por ele na companhia de pessoas queridas e rodeada de oração é uma bênção, uma demonstração de amor ao Thomaz. Celebrar a missa em ação de graças a ele na Basílica foi emocionante.

Antes do início da cerimônia, me encontrei com Geraldo, meu marido, e, a caminho do lugar em que nos sentaríamos, encontramos um padre, vestido de preto como tantos que circulam por Aparecida. Cumprimentei-o, pedindo-lhe a bênção. Não sei dizer o porquê, mas comecei a lhe contar tudo sobre a Rota da Luz SP, contei-lhe sobre o Thomaz e sobre a sua partida. Senti-me à vontade para lhe contar sobre o percurso tão bonito de fé e amor que completava um ano de existência.

Quando a missa começou, me espantei ao ver que aquele padre era, na verdade, o novo arcebispo da Basílica de Nossa Senhora Aparecida. Dom Orlando Brandes estava agora usando os paramentos de bispo para celebrar a missa, e eu, surpresa, cheguei a comentar com o Geraldo, que também se surpreendeu. O acaso não poderia ter sido mais generoso comigo, com a Rota da Luz SP e com o Thomaz.

Dom Orlando Brandes, de fato, ouviu o que eu havia lhe contado: a Rota da Luz SP era abençoada e a luz do Thomaz se espalhava por meio dela. A missa foi maravilhosa, as palavras de Dom Orlando, o Evangelho e a Liturgia se encaixavam em toda a emoção que aquele dia significava para mim e para todos que estavam ali comigo. Tão rapidamente, o arcebispo compreendeu a missão do Thomaz e disse: *"O Thomaz Alckmin partiu para percorrer a sua maior Rota de Luz"*.

Momento de fé e emoção na Basílica.

O Thomaz estava ali, não havia outra explicação para aquelas palavras. Emocionei-me e, mais uma vez, ao sentir a presença iluminada de meu filho, compreendi a minha missão aqui na Terra: continuar permitindo que ele realize coisas extraordinárias, continuar levando sua luz por onde quer que eu vá, continuar sendo a ponte entre ele e coisas maravilhosas.

Que a vida me permita continuar fazendo bem, permitindo que o Thomaz continue em sua grandiosa Rota de Luz e que leve a transformação, a energia, o amor e a fé para as pessoas. Com essa missa, após os dois anos de partida do Thomaz, compreendi a importância da Rota da Luz SP, o caminho abençoado pelo papa, tão esperado pelo Thomaz, e agora agraciado pelas palavras de Dom Orlando Brandes.

Só posso agradecer a Deus por isso. Agradecer e continuar trabalhando para que cada pessoa que cruzar o meu caminho encontre a sua Rota de Luz. Encontre um percurso de conexão com Deus, de renovação com a sua fé – independentemente de qualquer religião –, que cada um encontre sua missão e saiba compreender a real importância de *ser*.

A vida é muito frágil e, a qualquer momento, Deus pode nos chamar a seu lado. Nunca saberemos quando isso vai acontecer, por isso, o quanto antes estabelecermos o amor como fonte absoluta que nos guia e conduz por nossas rotas, conseguiremos traçar nossas Rotas de Luz por onde quer que passemos. A vida é hoje.

Nosso tempo é limitado e curto, embora nunca seja tarde para recomeçar. Então, ame, perdoe, sorria, chore, invente e aproveite. Esteja perto de quem você ama, faça algo de bom para as pessoas, porque quando tudo isso acabar e você se for, o que ficará será apenas o que você foi e significou para as pessoas, a importância que você teve para cada uma delas e para o mundo, suas ações. E, mesmo que ausente fisicamente, continuará vivo na memória de cada um, como o Thomaz continua vivo na minha vida.

Este livro foi composto em Adobe Garamond Pro e Bliss Pro e impresso
pela Intergraf para a Editora Planeta do Brasil em setembro de 2017.